AFFAIRE DE PANAMA

COUR DE CASSATION — CHAMBRE CRIMINELLE

Présidence de M. LOEW, président

PLAIDOIRIE

DE

Me STANISLAS BRUGNON

AVOCAT AU CONSEIL D'ÉTAT ET A LA COUR DE CASSATION
ANCIEN PRÉSIDENT DE L'ORDRE

Pour M. EIFFEL

(Audience du 9 juin 1893)

PARIS
IMPRIMERIE DE LA COUR D'APPEL
L. MARETHEUX, Directeur
SOCIÉTÉ ANONYME AU CAPITAL DE 135,000 FRANCS
1, RUE CASSETTE, 1

1893

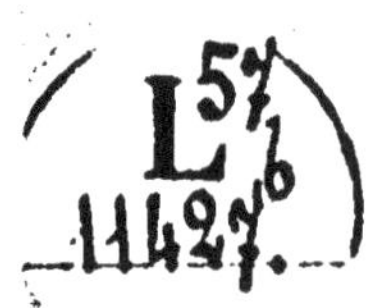

AFFAIRE DE PANAMA

COUR DE CASSATION — CHAMBRE CRIMINELLE

Présidence de M. LOEW, président

PLAIDOIRIE

DE

Me STANISLAS BRUGNON

AVOCAT AU CONSEIL D'ÉTAT ET A LA COUR DE CASSATION
ANCIEN PRÉSIDENT DE L'ORDRE

Pour M. EIFFEL

(Audience du 9 juin 1893)

PARIS
IMPRIMERIE DE LA COUR D'APPEL
L. MARETHEUX, Directeur
SOCIÉTÉ ANONYME AU CAPITAL DE [illegible] FRANCS
1, RUE CASSETTE, 1

1893

puis le dire, selon le désir de M. Eiffel, être examiné par vous, la décision de la Cour de Paris n'en serait pas moins sujette aux plus sérieuses critiques, et devrait encore inévitablement, sous plusieurs rapports, tomber sous votre censure.

Vous connaissez maintenant les graves irrégularités commises dans la procédure suivie contre les administrateurs de Panama. Elles ont lieu d'étonner.

Quand on relira plus tard les annales judiciaires du temps présent, ce sera un plus grand sujet d'étonnement encore de voir comment on a pu arriver à établir une prévention contre M. Eiffel, et à poursuivre, comme coupable d'abus de confiance, à propos de l'exécution de son contrat d'entreprise, un entrepreneur de travaux, en détachant arbitrairement une clause de ce contrat du reste de la convention dont elle n'était qu'une partie indivisible et inséparable, pour en faire un mandat et appliquer les dispositions de l'article 408 du Code pénal!

L'étonnement ne fera que s'accroître quand on verra comment on a pu amener cet entrepreneur, simple particulier, à comparaître devant une juridiction exceptionnelle, réservée aux grands-croix de la Légion d'honneur, et à certains dignitaires ou fonctionnaires expressément désignés dans l'article 479 du Code d'instruction criminelle; comment on a cité, sous la prévention d'un délit, M. Eiffel devant une juridiction *civile;* comment on l'a privé du droit d'appel, après lui avoir enlevé le bénéfice d'une instruction ordinaire, et toutes les garanties des droits de la défense.

C'est ce que mettront en lumière l'exposé et la discussion des moyens qui vont suivre.

Nous n'avons pas, Messieurs, devant votre haute juridiction, à faire le récit détaillé des faits qui ont précédé, accompagné, et suivi la poursuite actuelle. Nous le regrettons, car nous aurions voulu, à propos de nos moyens de cassation, vous montrer ce qu'a de souverainement injuste et d'aveugle la légende qui s'est formée, au cours de ce procès, sur M. Eiffel. Devant la Cour d'appel, son éloquent défenseur, Mᵉ Waldeck-Rousseau, a entièrement rétabli la vérité des faits. Sa plaidoirie restera comme un monument d'histoire.

Au reste, quand on se reporte à l'arrêt même que nous attaquons, on n'y retrouve plus certaines imputations ou insinuations dirigées contre M. Eiffel dans le réquisitoire; plus rien, par exemple, contre sa comptabilité dont la parfaite régularité a été démontrée jusqu'à l'évidence; plus rien contre l'exécution de traités conclus en France pour l'achat de certaines fournitures; plus rien sur d'autres points importants que le ministère public avait cherché à mettre en relief et qui n'avaient pas peu contribué à créer cette opinion factice dont nous venons de parler. Et, quand mon confrère Devin développera dans un instant le dernier de nos moyens de cassation, vous verrez qu'on chercherait vainement dans l'arrêt une constatation de l'*intention frauduleuse* nécessaire à l'existence du délit.

Mais à quoi bon insister? Je le sais par une expérience déjà longue; tous les bruits du dehors, toutes les passions du moment, viennent expirer au seuil de votre prétoire, et vous ne connaissez qu'une chose : l'interprétation et l'application de la loi qui est la même pour tous. Je m'en voudrais de ne pas rappeler ici les paroles prononcées naguère du haut de son siège, devant les chambres réunies de la Cour, par M. le premier Président Mazeau, en procédant à l'installation de M. le Procureur général Manau :

« Vous ne l'ignorez pas, Monsieur le Procureur général, vous qui depuis longtemps siégez parmi nous, la politique ici n'a pas droit de cité, nous chassons impitoyablement de nos âmes toute préoccupation étrangère au droit... »

Et M. le Procureur général répondait :

« La stricte exécution de la loi, voilà bien la mission de la Cour de Cassation ! Elle juge les arrêts, et non les affaires, aussi sa justice est impersonnelle, et, par suite, nécessairement impartiale. Et c'est une vérité banale qu'il faut pourtant redire, puisqu'il faut qu'on le sache bien : qu'il s'agisse de questions de droit public ou de questions de droit privé, elle n'a qu'à rechercher et à déterminer le vrai sens de la loi, sans acception de personnes, de partis ou d'opinions... »

Nous ne saurions placer cette discussion sous le patronage de plus hautes autorités.

Laissez-moi ajouter, cependant, Messieurs, que tous ceux qui ont approché M. Eiffel, qui ont connu sa vie de travail et d'honneur, ceux-là surtout qui ont été au courant de ses actes et de son contrat, lui sont restés fidèles ; qu'ils l'accompagnent ici de leurs vœux et partagent ses espérances. C'est en leur nom, comme au nom de M. Eiffel, que nous venons avec confiance et avec une entière conviction vous demander la cassation de l'arrêt qui vous est déféré.

Comment M. Eiffel a-t-il été amené à contracter avec la Compagnie interocéanique de Panama? Quel contrat a-t-il passé avec elle? Quelle exécution ce contrat a-t-il reçue? Comment a-t-on songé à intenter une poursuite correctionnelle contre lui, alors que pas un autre entrepreneur n'a été inquiété? Sur ces points je vous dois quelques explications nécessaires.

Je vous rappelle d'abord dans quelles conditions le demandeur en cassation a été chargé de l'entreprise. Les premières tentatives de canal à niveau avaient échoué malgré les efforts des entrepreneurs, malgré les dépenses colossales faites par la Compagnie de Panama. La volonté des hommes avait été impuissante contre les éléments. Ce système était condamné sans retour. Mais M. l'ingénieur Rousseau, Conseiller d'État, dont tout le monde connaît la haute honorabilité et la compétence particulière, ne désespérait pas du succès, si au système de canal à niveau, on substituait celui d'un canal à écluses. C'était une œuvre de géants; il fallait, en quelque sorte, escalader les Cordillières au moyen d'écluses superposées. Pour tenter cet effort, il fallait un ingénieur d'un rare mérite, d'une grande consistance, d'une solvabilité reconnue; par dessus tout, il fallait un patriote qui ne craignît pas de risquer son temps, sa fortune, sa vie même, en vue de cette entreprise grandiose et vraiment nationale.

M. Eiffel était tout indiqué. En 1879, il avait été le premier, dans un grand congrès international, à oser mettre en avant et à soutenir cette conception. Mais, soit qu'il ne l'eût pas clairement exposée, soit qu'aucun de ses auditeurs ne se sentît le courage de tenter personnellement un pareil projet, il avait échoué, et voilà que huit ou neuf ans après, c'est précisément ce système préconisé par lui, que l'on déclare seul capable de faire aboutir l'œuvre de la jonction des deux Océans. On avait une autre raison de choisir M. Eiffel. C'est qu'il avait déjà, à ce moment, exécuté les travaux les plus hardis et les plus remarqués dans l'art de la construction métallique, plus encore lorsqu'il construisait ces ponts d'une seule portée, sur des fleuves larges de plusieurs centaines de mètres, dernier mot du progrès moderne en ce genre, que lorsqu'il élevait ce monument, que rien n'avait égalé en hauteur et en légèreté.

Il traite avec la Compagnie de Panama le 10 décembre 1887.

Nous vous ferons connaître bientôt le détail des clauses du contrat, qu'il importera de retenir pour l'intelligence des moyens de cassation. Je ne vous en retrace en ce moment que les grandes lignes : M. Eiffel se chargeait de la construction complète des écluses avec leurs engins de fermeture et de manœuvre. Son entreprise comprenait tous les travaux, ainsi que toutes les fournitures que ne pourrait ou ne voudrait pas faire la Compagnie. Tout devait être terminé dans un délai de *trente mois*, et cela, sous la sanction des pénalités les plus rigoureuses. C'était la dominante du contrat. M. Eiffel répondait d'ailleurs de tous les risques, même des cas fortuits et de force majeure. Ainsi, les travaux exécutés à grands frais et au prix de mille difficultés étaient-ils détruits par la crue ou l'invasion d'un torrent ; le matériel était-il anéanti par un de ces cataclysmes si fréquents dans cette région, l'entrepreneur devait tout refaire et tout remplacer à ses frais ; le personnel était-il décimé par les maladies, les rébellions ou les grèves, l'entrepreneur seul devait y pourvoir, et tout n'en devait pas moins être terminé dans le délai fixé ! C'était une responsabilité sans précédents, où toute la fortune de l'entrepreneur était en jeu, et qui pouvait aboutir pour lui à un désastre.

L'ensemble des dépenses s'élevait à 110 ou 120 millions de francs, selon que l'on ferait huit ou dix écluses. D'après les évaluations d'une commission d'ingénieurs nommée par le liquidateur, les bénéfices sur un pareil marché de travaux et de fournitures, (même en supposant que l'exécution dût avoir lieu dans un délai de cinq années, au lieu de ce court laps de trente mois), devaient être prévus à un taux qui n'était pas moindre de 25 à 30 p. 100, tant étaient grands les risques courus par l'entreprise !

A peine le contrat est-il conclu, que M. Eiffel se met à l'œuvre. Il n'avait pas une minute à perdre. Moins d'un mois et demi après le traité, des milliers d'ouvriers (plus de 5,000) attaquaient les travaux de fouilles sur toutes les écluses à la fois, l'entrepreneur ayant la faculté de les construire simultanément ou successivement, à son gré.

En un an, il avait été fait des excavations profondes dans le roc et à la dynamite, représentant 76 0/0 de la quantité prévue pour les fouilles ; pour les parties métalliques, plus de 72 0/0 avaient été fabriquées ou approvisionnées et étaient prêtes à être mis en place.

Aussi plus tard, quand on procéda au règlement des travaux, il était dû à l'entreprise 15,599,000 francs. C'est ce qui résulte du compte arrêté contradictoirement le 23 août 1889.

Quant au matériel des ouvrages d'art dont la Compagnie s'était réservé la fourniture éventuelle, aussitôt après la signature du contrat, le 30 décembre 1887, M. Eiffel écrit à M. Jacquier, ingénieur en chef des ponts et chaussées, directeur général des travaux, pour lui demander le matériel nécessaire à l'exécution de ces ouvrages. M. Jacquier lui répond, le 10 janvier 1888, que la Compagnie ne peut rien lui fournir, qu'il aura à s'approvisionner lui-même à l'aide des sommes prévues au contrat et qui *sont à sa disposition*. M. Eiffel s'est adressé alors aux plus grands constructeurs de France et leur a fait des commandes qui, transportées et mises en place sur les chantiers, ne reviennent pas à moins de 2,500,000 francs. Il a de plus acheté dans l'isthme, comme il en avait le droit incontestable, soit à la Compagnie, soit à des tiers, un matériel ne s'élevant pas à moins de 3,200,000 francs. Mᵉ Waldeck-Rousseau a justifié de ces dépenses factures en mains, et la Cour, dans ses considérants, y fait allusion sans les contredire.

Disons enfin que, dans tout le cours de ses travaux, l'entrepreneur opérait sous la surveillance et le contrôle incessant d'une administration vigilante s'il en fut, composée de plusieurs directeurs, ingénieurs en chef de l'État, ayant sous leurs ordres des ingénieurs ordinaires, et au-dessous d'eux, toute une catégorie d'agents, analogues aux conducteurs et piqueurs des ponts et chaussées; que de plus l'entrepreneur était obligé, sous peine des sanctions les plus sévères, d'obéir aux ordres de service qui lui seraient donnés. Or, ceci est à noter, on n'a pas allégué, on n'allègue pas même aujourd'hui l'existence d'une seule mise en demeure, d'une seule réclamation même. M. Eiffel avait devancé les obligations de son contrat; il était notablement en avance lorsque est arrivé un événement qui devait forcément arrêter l'exécution du marché, nous voulons dire la mise en liquidation de la Compagnie de Panama.

Que fit alors M. Eiffel? Pour permettre à la Compagnie de gagner du temps et de chercher une combinaison nouvelle, il n'hésita pas, malgré la suspension de paiements de la Compagnie, à continuer les travaux, et en exécuta à ses risques et périls, sous des garanties presque illusoires, pour 7,500,000 francs; donnant ainsi à cette grande œuvre une preuve de dévouement dont les liquidateurs lui ont su le plus grand gré. Mais enfin, voyant que tout espoir était perdu, il demanda, de sa propre initiative, à régler le compte des sommes à lui dues et des sommes qu'il pourrait redevoir. Il n'était pas possible de réclamer plus tôt ce règlement, car aux termes d'une clause formelle du contrat, (art. 15), précisément en prévision de ce cas où les travaux seraient arrêtés du fait de la Compagnie, tout ce que les parties pouvaient se devoir réciproquement, à un titre quelconque, en vertu du contrat, ne pouvait faire, de leur part, l'objet d'une réclamation, *qu'en solde de compte* et *après le règlement définitif de toute question se rattachant au marché.*

Me Devin vous parlera de la transaction intervenue entre M. Eiffel et la Compagnie, transaction conclue après des mois de réflexion, où le liquidateur de la Société, l'honorable M. Brunet, ancien magistrat des plus expérimentés, aidé de ses conseils techniques et judiciaires, discuta pied à pied tous les sujets de réclamation soulevés de part et d'autre, et signa, à la date du 11 juillet 1889, un arrangement mettant fin à toutes les prétentions respectives des parties, et à tous sujets de contestations pouvant exister entre elles. A la date du 31 juillet, un jugement du tribunal civil de la Seine déclara que *cette transaction sauvegardait suffisamment les intérêts de la Société*, et l'homologua purement et simplement.

Il semblait donc que tout était terminé au moyen de cette transaction qui avait entre les parties l'autorité de la chose jugée. M. Eiffel n'était plus créancier de la Compagnie, la Compagnie n'était plus créancière de M. Eiffel. Cependant que s'est-il passé?

Je n'ai pas à vous rappeler les poursuites dirigées contre MM. de Lesseps et autres administrateurs de la Compagnie de Panama, ni les circonstances politiques qui leur ont donné naissance. Une information — si c'était vraiment une information — se poursuivait contre les administrateurs depuis le 11 juin 1889, et jamais il n'avait été question de M. Eiffel, non plus que d'aucun des autres entrepreneurs, lorsque trois ans après, en juin 1892, la prévention, sans doute pour donner plus de corps à la poursuite dirigée contre les administrateurs, eut l'idée d'y comprendre aussi M. Eiffel. Voici dans quelles circonstances :

M. Flory, expert, avait été chargé de se renseigner auprès de M. Eiffel pour savoir si les paiements indiqués comme lui ayant été faits par la Compagnie étaient bien réels. M. Eiffel avait fourni à ce sujet toutes les indications nécessaires; tout était exact, et dans son rapport cet expert, qui n'est assurément suspect de tendresse ni pour les administrateurs ni pour les entrepreneurs, ne reconnaissait à la charge de ces derniers aucun délit, mais plaçant la question sur le terrain des intérêts purement privés, tout en omettant d'ailleurs de parler du *quitus* transactionnel, il disait :

« Les entrepreneurs qui ont réalisé des excédents de « recettes, auront à justifier de l'accomplissement des condi- « tions qui leur étaient imposées, pour que les sommes com- « posant ces excédents de recettes puissent être considérées « comme leur étant définitivement acquises... »

Et quelques lignes plus haut il s'exprimait ainsi :

« *Jusqu'au dernier moment, il y avait dans le cas d'arrêt « dans l'exécution du contrat,* compte à faire, *en rapprochant « le montant des à comptes reçus de l'état réel des fourni- « tures et de leur prix total, sans préjudice des indemnités de « toute nature auxquelles pouvait avoir droit l'entreprise...* »

Il n'est pas possible de mieux poser la question. Oui, il y a *compte à faire*, lorsqu'une résiliation vient surprendre les parties, et que le contrat est rompu avant qu'elles aient pu exécuter de part et d'autre leurs obligations, avant qu'elles aient été tenues de les exécuter. Mais comment peut-il y avoir lieu à poursuite correctionnelle?

Ce n'est pas cependant ainsi que l'a entendu la prévention : M. Eiffel, a-t-elle dit, était bien entrepreneur; mais il était aussi tenu de faire certaines fournitures de matériel pour ouvrages d'art, et il en était tenu à titre de *mandataire;* la simple obligation où il était au moment de la résiliation du marché, de rendre compte de ces fournitures et de l'emploi des sommes destinées à les payer, le constituait à l'état d'un détenteur précaire qui détourne ou dissipe les sommes par lui reçues. — Peu importent les clauses de forfait dont nous aurons à parler, peu importe l'absence de toute mise en demeure! Peu importe la clause de l'article 15 précité qui interdisait de demander ou de rendre tout compte avant le règlement définitif de l'entreprise! Il y avait abus de confiance. Nous vous démontrerons que c'est au mépris des règles les plus élémentaires de notre droit et de la vérité qu'une pareille prévention a pu être soulevée, et a pu être accueillie par la Cour.

Mais ce n'est pas tout. M. Eiffel aurait été coupable d'abus de confiance, que cela ne justifierait pas son renvoi devant la première chambre de la Cour, et qu'il ne pouvait faire partie de ce groupe de prévenus qu'il fallait offrir en holocauste au Parlement et à l'opinion. M. Eiffel, si l'on pouvait admettre un instant qu'un délit pût lui être imputé, ne pouvait être poursuivi qu'après une instruction ordinaire, faite par un juge d'instruction, et devant un tribunal correctionnel de droit commun. Quel rapport y avait-il entre l'abus de confiance qu'il aurait commis contre la Compagnie, et le délit d'escroquerie et d'abus de confiance dont les administrateurs se seraient rendus coupables au préjudice des obligataires et autres créanciers de la Compagnie? La prévention le comprit à merveille, et à la veille même du jour où l'assignation fut lancée, le 19 novembre 1892, elle eut un trait de génie! Elle imagina de poursuivre M. Eiffel, comme *complice de l'escroquerie reprochée aux administrateurs de Panama*, sans que jamais il en eût été question dans aucun des interrogatoires de M. Eiffel, sans que jamais il eût été appelé à s'expliquer sur ce prétendu délit!

Ainsi, M. Eiffel était complice de l'escroquerie qui était imputée aux administrateurs. Pourquoi? Parce qu'il avait touché, non pas même de ces administrateurs, mais de la Compagnie, aux époques fixées par son contrat, le montant de ses travaux et de ses fournitures. *Suum receperat.*

Il aurait dû se douter, en 1888, que *trois ans plus tard*, les administrateurs seraient poursuivis pour avoir, au moyen de manœuvres frauduleuses, obtenu les emprunts qui avaient servi à payer à M. Eiffel ce qui lui était dû! Rendons cette justice à l'honorable organe du ministère public. C'est à peine s'il a dit un mot de ce chef de prévention dans son réquisitoire à l'audience. — Rendons justice à la Cour, car c'est presque ironiquement qu'elle a rejeté ce premier chef de la poursuite :

« Considérant, a-t-elle dit, qu'il n'est pas justifié par la « prévention qu'en traitant avec la Compagnie de Panama, « *Eiffel ait pu prévoir que les fonds qu'il avait à toucher en « payement de ses travaux, ou à tout autre titre, provien- « draient du délit d'escroquerie retenu à la charge de Ferdi- « nand de Lesseps ;* qu'il doit donc être relâché de ce chef... »

Néanmoins l'effet était produit, je n'ose pas dire : le tour était joué. M. Eiffel, cité *comme complice* du délit d'escroquerie reproché à M. Ferdinand de Lesseps, devait bel et bien être, comme l'auteur principal, jugé par la première chambre de la Cour de Paris. Messieurs, j'ai l'honneur de parler devant des juges qui ne sont pas seulement des jurisconsultes éminents, mais qui ont, pour la plupart, fourni une longue carrière dans les Cours et les Parquets; eh bien! je leur laisse le soin de qualifier, comment dirai-je..., l'habileté de procédure au moyen de laquelle on a pu distraire ainsi M. Eiffel de ses juges naturels!

Ces observations m'amènent tout droit au premier moyen de cassation :

I

Il est tiré de la violation des articles 179, 182, 226, 227, 479 Inst. crim.; 7 et 10 de la loi du 20 avril 1810, et du décret du 6 juillet 1810; violation des règles de la connexité, et surtout violation des principes de la compétence et excès de pouvoirs.

La Cour de Paris, tout en rejetant le premier chef de prévention, retient l'abus de confiance. Par quel motif? Elle n'en dit rien, ou plutôt elle se contente de ce simple mot : « *vu la connexité* »; il y a lieu d'examiner le bien fondé de la prévention, en ce qui touche l'abus de confiance.

La connexité! il n'en saurait être question pour M. Eiffel. Si vous vous reportez à l'article 227 C. inst. crim., vous y lisez ce qui suit :

« Les délits sont connexes, soit lorsqu'ils ont été commis
« en même temps par plusieurs personnes réunies, soit lors-
« qu'ils ont été commis par différentes personnes, même en
« différents temps et en divers lieux, mais par suite d'un con-
« cert formé à l'avance entre elles, soit lorsque les coupables
« ont commis les uns pour se procurer le moyen de com-
« mettre les autres; pour en faciliter, pour en consommer
« l'exécution, ou pour en assurer l'impunité. »

Or, Messieurs, aucune de ces conditions ne se rencontrait dans l'affaire actuelle.

La Cour a-t-elle voulu parler de connexité entre les délits reprochés aux administrateurs et l'abus de confiance relevé à la charge de M. Eiffel? D'abord ces délits n'auraient pas été commis en même temps : les premiers auraient été commis au moment de l'émission des obligations de 1888; l'autre, au mois de juillet 1889. Surtout ils n'auraient pas été commis au préjudice des mêmes personnes; les uns l'auraient été au préjudice des obligataires et autres créanciers de la Compagnie; l'autre, l'abus de confiance, l'aurait été au préjudice de la Compagnie elle-même. De concert frauduleux, il n'a pas été question, on a reconnu dans l'instruction qu'il n'en existait pas. Enfin les délits imputés aux administrateurs étaient sans influence sur le délit reproché à M. Eiffel; il n'y avait aucune corrélation entre eux.

Veut-on parler de connexité entre ce même abus de confiance et la complicité d'escroquerie imaginée contre M. Eiffel, ce dernier délit étant écarté par l'arrêt, tout lien pouvant exister entre eux aurait disparu. D'ailleurs, il n'y avait pas plus de rapport entre l'abus de confiance et la complicité d'escroquerie qu'avec l'escroquerie elle-même.

Au surplus, l'honorable conseiller rapporteur l'a reconnu, la connexité, telle qu'elle est définie par l'article 227, n'existe pas.

Mais deux objections ont été faites par lui; nous les avons parfaitement saisies et nous reconnaissons qu'elles paraissent au premier abord, trouver un point d'appui dans plusieurs arrêts de cette Chambre. En premier lieu, a-t-on dit, l'article 227 n'est pas limitatif et la jurisprudence permet aux tribunaux de retenir la connaissance de délits, même non connexes, au sens de ces articles, toutes les fois qu'il y a en jeu un intérêt de bonne administration de la justice. Ensuite, dit-on, le moyen que vous présentez est non recevable, parce que vous en parlez pour la première fois en cassation, et que vous avez, devant la Cour de Paris, accepté formellement sa compétence.

Nous pourrions répondre ceci à la première objection : Quelque étendus que soient les pouvoirs des tribunaux en pareille matière, il faut qu'ils indiquent, surtout quand on n'est pas dans les cas prévus par l'article 227, quelles sont ces raisons de bonne administration et d'opportunité qui leur paraissent suffisantes pour rattacher à leur compétence des délits ou crimes qui n'étaient pas connexes au sens de cet article :

En toute matière, il faut que le juge motive sa décision (art. 7 de la loi du 20 avril 1810). C'est ce que faisait remarquer M. Faustin Hélie, dans le cas qui nous occupe : « Il nous paraît nécessaire, disait-il, que les tribunaux, en ordonnant la jonction, déclarent non seulement que les faits qu'ils jugent sont connexes, *mais qu'ils constatent sous quel rapport ils sont connexes.* »

Et l'arrêt du 18 novembre 1887, qui reconnaissait aux tribunaux ce pouvoir d'appréciation, avait bien soin de relever les circonstances que l'arrêt attaqué avait signalées comme justifiant sa décision : « Attendu, disait-il, *qu'il résulte* de l'arrêt attaqué que l'*appréciation simultanée des faits* commis par le demandeur dans l'arrondissement de Narbonne et de ceux constatés à sa charge dans l'arrondissement de Lyon, était *indispensable à raison de l'indivisibilité de la défense et de la bonne administration de la justice.* »

Voilà un arrêt qui était motivé. Mais ici, par quelles raisons la Cour de Paris a-t-elle joint les causes? Il n'y avait pas, dans l'espèce, la connexité prévue par l'article 227, et l'arrêt ne vise même pas cet article. Y avait-il une autre raison? une question de preuves, d'intérêt de la défense? Une question d'indivisibilité? On n'en sait rien. Il y a donc défaut de motifs et violation de l'article 7 de la loi du 20 avril 1810.

Quant à la nouveauté du moyen, avant tout, répondrons-nous, comment M. Eiffel aurait-il pu, devant la Cour de Paris, opposer une exception d'incompétence? La prévention avait bien pris ses mesures. Il était poursuivi pour *complicité* du délit dont elle était directement saisie! Il devait aller devant la même juridiction que l'auteur principal, et il n'aurait pu exciper de l'incompétence.

Ensuite, est-ce qu'il est possible d'appliquer ici les dispositions des articles 169 et 173 C. proc. civ., qui obligent le défendeur à présenter les exceptions d'incompétence avant toute défense au fond? Oui, je le sais, vous avez dans plusieurs arrêts, dans celui de 1887 notamment, que je citais tout à l'heure, reconnu qu'un prévenu qui avait accepté sans protestation, d'être jugé par un tribunal correctionnel au lieu d'un autre tribunal correctionnel, n'était plus recevable à soutenir un moyen d'incompétence! Mais pourquoi? Parce qu'en cas de délits connexes, il est indifférent que je sois jugé par un tribunal ou par un autre du même degré, dès que j'ai les mêmes garanties, une juridiction du même ordre et la faculté d'appel. si elle m'est accordée par la loi. C'est encore ce qui a été jugé en matière de cours d'assises. Voilà un groupe d'accusés poursuivi pour des causes distinctes et non connexes. Un arrêt de la

Chambre des mises en accusation les a renvoyés devant une même Cour d'assises; il n'ont pas attaqué l'arrêt de renvoi; ils n'ont pas demandé la disjonction, vous les déclarez non recevables à se plaindre d'avoir été jugés par un seul et même arrêt émanant d'une même Cour. Pourquoi? parce qu'ils ont, les uns et les autres, été jugés par une Cour d'assises, c'est-à-dire par la juridiction chargée de la répression des infractions qualifiées crimes. (Arrêt du 5 juin 1866, B. n° 149)

Mais ici quelle différence, Messieurs! Et tout en répondant à l'objection qui a été faite, nous aurons maintenant à vous présenter notre moyen, non plus au point de vue des règles de la connexité, mais sous son aspect principal, c'est-à-dire pour excès de pouvoirs et violation des règles fondamentales qui régissent la compétence et les degrés de juridiction.

Il ne s'agit pas aujourd'hui d'un prévenu qui vient vous dire : J'ai été jugé par le tribunal correctionnel de la Seine, je devais être jugé par celui de Versailles. Il s'agit d'un prévenu qui se plaint : 1° d'avoir été jugé par une juridiction *civile* au lieu de l'avoir été par une juridiction *pénale;* 2° d'avoir été privé du double degré de juridiction et de la faculté d'appel. Or, ce ne sont plus là de simples exceptions d'incompétence *ratione loci;* ce sont des cas d'incompétence *ratione materiæ;* des questions tenant à l'ordre des juridictions; en un mot, ce sont des garanties d'ordre public auxquelles ni les citoyens, ni le ministère public ne peuvent renoncer. Le sage esprit de M. le rapporteur ne s'y est pas trompé. Vous n'avez pas oublié qu'il vous disait, en terminant l'examen de ce moyen, que cette question de compétence était de la plus haute gravité et qu'il la recommandait à votre sérieux examen. Il ajoutait qu'il ne connaissait pas de précédent de votre jurisprudence qui l'eût tranchée et pût vous servir de guide. Si nous ne nous trompons, au contraire, votre Chambre criminelle a eu plusieurs fois à se prononcer sur ces questions, et l'un de vos arrêts tout au moins, a statué sur une affaire absolument identique à la nôtre.

Le 28 décembre 1810 (B. 364), vous avez dit :

« Attendu que le fait poursuivi constituait un crime de la « compétence des Cours d'assises; qu'il a été jugé par une « Cour d'assises; *qu'il ne s'agit donc pas ici d'un moyen « d'incompétence absolue, pris d'une atteinte portée à l'ordre « public et à l'ordre des juridictions.* »

« Que le demandeur se plaint seulement de ce que l'affaire « a été instruite devant des juges qui n'auraient pas dû en « connaître sous le rapport du *lieu* et de la personne... »

D'où l'on doit tirer logiquement la conséquence que, toutes les fois, au contraire, que le moyen d'incompétence est *absolu* ou qu'il s'agit d'une *atteinte portée à l'ordre des juridictions*, les tribunaux saisis ne peuvent retenir la compétence, et cela, même avec l'assentiment des parties ou du ministère public. Voilà un premier arrêt qui se recommande à votre attention.

Mais votre autre arrêt, qui est en date du 14 avril 1827, est, je vous le disais, topique sur la question même qui nous occupe (Voy. *Bull. crim.* à sa date).

Un juge de paix était venu apposer des scellés. Il avait trouvé au domicile mortuaire une héritière, Vincente Brunel, qui avait tenté de lui arracher ses papiers, puis lui avait offert une somme de... s'il consentait à ne pas apposer de scellés. Vincente Brunel fut citée devant le tribunal correctionnel pour s'être opposée violemment à l'apposition des scellés et pour avoir commis une tentative de corruption. A son tour, elle cita le juge de paix comme coupable envers elle de voies de fait. Le juge de paix réclama la juridiction exceptionnelle de l'article 179. Le tribunal de Ploërmel, saisi de la poursuite du ministère public et de celle du juge de paix, s'était déclaré incompétent pour connaître du délit attribué à ce magistrat, et s'était saisi seulement de la connaissance du délit attribué à Vincente Brunel. Mais le tribunal de Vannes, qui était alors juge d'appel, avait réformé le jugement du tribunal de Ploërmel en ce qu'il avait disjoint les deux plaintes et retenu seulement la connaissance de celle du ministère public; et au contraire, joignant ensuite lui-même les deux plaintes, et déclarant le tribunal correctionnel de Ploërmel incompétent pour en connaître, renvoya toutes parties à se pourvoir devant qui de droit, à raison de leurs plaintes respectives, pour être statué sur le tout.

Saisis d'un pourvoi, vous avez, après avoir visé les articles 179 et 183 Code instr. crim., cassé par les motifs suivants :

« Considérant que, par un tel jugement, le tribunal de « Vannes a violé les règles de la compétence, *et privé d'un* « *degré de juridiction* Vincente Brunel, prévenue d'une tenta- « tive de corruption, dont la connaissance était exclusivement « attribuée aux tribunaux correctionnels par le 2e alinéa de « l'article 179 C. pén., *ce qui a constitué en même temps un* « *excès de pouvoir, a interverti l'ordre des juridictions*, et « par conséquent, nécessité la cassation dudit jugement.

« Attendu, d'un autre côté, que le jugement de Vannes a « suspendu, par cette décision arbitraire, une poursuite léga- « lement dirigée par le ministère public, *et porté atteinte au*

« *droit accordé au procureur-général, de saisir la Cour royale* « *d'une plainte portée contre un magistrat*, ce qui établit « encore, sous ces deux rapports, la violation desdits arti- « cles 179 et 479 C. instr. crim., Casse... »

Ai-je besoin de vous faire remarquer l'analogie frappante qui existe entre cette espèce et la nôtre? Un tribunal avait privé un prévenu d'un degré de juridiction et vous avez dit qu'il y avait eu de sa part excès de pouvoirs! Il y avait eu deux délits, et deux plaintes dont l'une était la réponse à l'autre, et vous avez reconnu que cependant celle qui avait été dirigée contre un juge de paix devait être détachée de la première, et portée par le procureur général devant la Cour royale. Changez les noms, et vous direz que la Cour de Paris, si elle avait à juger M. Ferdinand de Lesseps, grand-croix de la Légion d'honneur, ne pouvait, sans excès de pouvoirs, connaître de la poursuite dirigée contre M. Eiffel et le priver du double degré de juridiction.

Je ne devrais rien ajouter à l'autorité de cette jurisprudence. Je ne veux pas omettre, cependant, de vous dire encore que la doctrine est conforme à vos arrêts.

Permettez-moi de vous rappeler seulement les paroles de M. Faustin-Hélie (*Instr. crim.*, t. V, § 2386, p. 581):

« En matière pénale, est-ce que le ministère public, est-ce « que l'accusé lui-même sont maît es des droits qu'ils exer- « cent? Comprend-on que tous les deux, par un accord préa- « lable, puissent provoquer la juridiction d'un juge incom- « pétent? Est-ce qu'il peut être permis de déroger par des « conventions aux règles de la compétence? Ce ne sont plus « des intérêts privés qui s'agitent ici; des droits auxquels il « serait possible de renoncer; les droits de l'action publique,

« les droits innés de la défense touchent aux intérêts de la « société; les règles de la juridiction pénale n'ont été établies « que pour la protéger, et leur application ne peut dépendre « ni de la volonté ni de la négligence des parties. »

Messieurs, vous casserez pour incompétence. Je n'ai pas besoin de vous faire toucher du doigt les conséquences qu'a eues pour M. Eiffel cette dérogation aux règles concernant l'ordre des juridictions. On s'est contenté pour lui d'un simulacre d'instruction, quand il avait droit d'être entendu par un juge instructeur, dans les formes et avec les garanties qu'assure aux citoyens notre Code d'instruction criminelle. Privé du droit d'appel, il n'a pu, matériellement pas pu, contredire certaines allégations de l'arrêt, qui se sont produites au dernier moment, sans avoir figuré dans l'information, et qui ont été, pour ainsi dire, improvisées par la Cour *in extremis*. Nous citerons seulement le système imaginé par l'arrêt pour contester la validité d'une transaction *que jamais la Compagnie elle-même, partie intéressée, n'avait songé à critiquer*. Si la faculté d'appel n'eût pas été enlevée à M. Eiffel, il eût facilement montré que ce système repose sur les plus singulières erreurs de fait. Dieu merci, ces erreurs sont sans importance pour les effets juridiques à attribuer à la transaction, et Me Devin vous montrera qu'elles ont entraîné la Cour de Paris à commettre une erreur de droit de plus, quand elle a cherché à prononcer la nullité de la transaction, en dehors de toutes les causes d'annulation autorisées par la loi.

Autre conséquence de cette jonction indûment faite des diverses poursuites : la solidarité est prononcée entre les administrateurs de Panama et M. Eiffel pour toutes les condamnations qui les frappent respectivement. M. Eiffel sera tenu solidairement de payer l'amende et les frais faits par les administrateurs, bien qu'il ne soit en rien coupable des faits à eux reprochés. A l'inverse, les administrateurs payeront l'amende due par M. Eiffel à raison d'un délit qu'il aurait commis envers la Compagnie! Jamais l'article 55 du Code pénal n'a entendu établir une solidarité entre des personnes qui n'étaient pas des codélinquants, et qui étaient poursuivies pour des délits sans connexité, sans corrélation entre eux.

Ne voyez-vous pas, enfin, Messieurs, que les règles les plus salutaires, celles qui touchent à la liberté de la défense, et à l'honneur des justiciables, seraient à la merci de la prévention qui n'aurait qu'à commettre une erreur, erreur involontaire, je le veux bien, comme celle qui s'est produite la veille même de la citation, pour priver un prévenu de toutes les garanties que lui assure la loi, et quant à la compétence, et quant à la faculté d'appel!

Votre arrêt mettra fin à ces illégalités. Vous y êtes en quelque sorte conviés par les dernières observations de M. le rapporteur.

En cassant pour incompétence et excès de pouvoirs, renverrez-vous la cause et les parties devant une autre Cour? Si le moyen de prescription est admis, comme je n'en doute pas, vous casserez sans renvoi pour M. Eiffel comme pour les autres prévenus. Car si la prescription est accomplie, qu'importe que l'affaire doive être jugée par une Cour ou par un tribunal à charge d'appel? Puisqu'il est d'ores et déjà démontré que le délit, s'il en a jamais existé, ne peut plus être poursuivi, il n'y a pas lieu de charger une juridiction quelconque d'en connaître. Je ne saurais mieux faire que de m'en référer, sur ce point encore, à la plaidoirie que vous venez d'entendre.

II

J'arrive maintenant à l'examen des moyens du fond, relatifs à l'abus de confiance.

Pour qu'il y ait abus de confiance, je n'ai pas à vous l'apprendre, Messieurs, plusieurs conditions sont nécessaires, et si une seule d'entre elles fait défaut, le délit n'existe pas.

« Il faut donc, dit le savant auteur de la *Théorie du Code* « *pénal*, t. V, n° 2303, que le jugement qui porte condamnation « les énonce et les constate successivement, car à défaut de « cette énonciation, la pénalité n'aurait pas de base. »

Je lis l'article 408 C. pén. :

« Quiconque aura *détourné* ou *dissipé*, au préjudice des *pro-* « *priétaires, possesseurs ou détenteurs*, des effets, denrées « ou marchandises... qui ne lui auraient été *remis qu'à titre* « *de louage*, *de dépôt*, *de mandat*, *de nantissement*, *de prêt à* « *usage*, ou pour un travail salarié ou non salarié, à la charge « de les rendre ou représenter, ou d'en faire un usage ou un « emploi déterminé, sera puni des peines portées en l'ar- « ticle 408.... »

Quels sont, d'après cet article, les éléments essentiels du délit d'abus de confiance?

1° Avant tout, il faut qu'il y ait *détournement* ou *dissi-*

pation. Si le détenteur des fonds ou autres objets n'a jamais refusé de les rendre, si jamais ils ne lui ont été réclamés; bien mieux, s'il y avait compte à faire pour savoir s'il y avait dette et par suite restitution à opérer; si, avant l'époque prévue pour la complète exécution du contrat, ce contrat vient à se rompre; et si surtout, de par une convention expresse, il est entendu que les parties ne pourront parler de règlement de comptes avant une époque déterminée, comment peut-il être question de détournement ou de dissipation! Or, M. Eiffel était précisément dans cette situation, et bien plus, loin de se refuser à rendre compte, c'est lui qui, le moment venu, a provoqué ce règlement, à la suite duquel est intervenue la transaction dont je vous parlais, homologuée par justice et qui a mis fin à tous comptes et à toutes contestations pouvant exister entre les parties.

2° Il faut, en second lieu, que le *détournement*, s'il existe, soit commis par *un détenteur à titre précaire au préjudice du propriétaire* des sommes, effets et marchandises. Si ces objets appartiennent à celui que l'on accuse de détournement, comment l'article 408 pourrait-il être applicable? Je vous démontrerai, contrat en mains, et avec l'arrêt lui-même, que M. Eiffel avait la *libre* et *entière disposition des fonds* qui lui avaient été remis *à titre de forfait et qui lui étaient acquis*, ce sont les termes du contrat; qu'il devait *se procurer* un matériel *à son nom*, qu'il devait l'acquérir pour son compte, et n'en transférer que plus tard la propriété à la Compagnie.

3° Une autre condition non moins indispensable est celle-ci : c'est que le prévenu ait reçu les effets, deniers ou marchandises, en vertu d'un de ces contrats énumérés dans l'article 408 : *mandat, dépôt, nantissement*, etc.

S'il les a reçus à tout autre titre : vente, louage d'ouvrage, par exemple, il ne peut être question d'abus de confiance. Outre que les termes de la loi sont formels et limitatifs, votre jurisprudence est tellement constante que je vous épargnerai la lecture de vos arrêts. Je vous cite seulement un arrêt de cassation de votre Chambre du 26 avril 1845 (S. 45. 1. 679), et d'autres en date des 22 juin 1860 (S. 60. 1. 91); 21 avril 1866 (S. 67. 1. 91); 21 septembre 1878 (S. 79. 1. 283) (voyez *Bulletin criminel* à ces dates).

Or, Messieurs, j'ai le ferme espoir de vous démontrer que jamais M. Eiffel n'a été autre chose *qu'un entrepreneur,* et surtout *qu'il n'a pas été mandataire,* comme le prétend la Cour de Paris. Ce sera ma tâche principale.

4° Enfin, pour l'abus de confiance, comme pour tout autre délit, il faut l'intention frauduleuse.

C'est encore un point tellement certain que je me borne à quelques citations, sans rien vous lire (Blanche, t. VI, n° 218. — *Pandectes françaises,* v° Abus de confiance; n° 11).

M° Devin vous démontrera que cette constatation de l'intention frauduleuse n'a pas été faite, et même que, dans l'espèce, l'arrêt n'a pas répondu un seul mot aux conclusions prises par M. Eiffel pour en contester l'existence, ce que vous avez toujours considéré comme un défaut de motifs en même temps qu'une violation de l'article 408. (Cassation, 29 décembre 1866, B. n° 278, 20 mai 1887. B. n° 201. Voy. aussi Cassation, 1er mai 1862. B. 121.)

Nous allons successivement insister sur chacun de ces points. Je me propose, quant à moi, de vous prouver que le contrat passé par M. Eiffel avec la Compagnie ne rentrait dans aucun de ceux qui sont énumérés à l'article 108, ou plutôt qu'il ne constituait pas un mandat, puisque c'est un mandat que l'arrêt attaqué prétend avoir été confié à M. Eiffel et que c'est sur cette hypothèse que repose toute sa décision.

III

Pour soutenir que M. Eiffel était mandataire de la Compagnie, la Cour de Paris raisonne ainsi : 1° Elle reconnaît qu'il y a eu marché passé pour la construction des écluses, et que M. Eiffel était entrepreneur des travaux, et même de toutes les fournitures en général. Mais elle croit pouvoir détacher une clause du traité qui est relative au matériel des ouvrages d'art. La Compagnie aurait donné mandat à l'entrepreneur, si elle ne pouvait fournir elle-même ce matériel qui, selon la Cour, était spécifié dans un état n° 9 annexé au contrat, de l'acheter, moyennant une somme à forfait payée d'avance à M. Eiffel. La Cour reconnaît aussi que cet achat devait se faire aux frais et risques de ce dernier; qu'il en devait payer les frais de transport, et que les acquisitions faites par lui n'obligeaient pas la Compagnie, laquelle ne devait devenir propriétaire que lors de l'arrivée sur les chantiers. Elle ne conteste pas d'ailleurs que les sommes dues à M. Eiffel étaient fixées *à forfait* et que, d'après une des clauses du contrat, il en avait la *libre et entière* disposition. Malgré tout, elle déclare que cette partie du contrat est distincte et se sépare entièrement des autres stipulations, et qu'elle présente *tous les caractères constitutifs du mandat*.

2° M. Eiffel aurait été aussi le mandataire de la Compagnie à l'effet de démonter, de transporter et de réinstaller sur les chantiers des quatre dernières écluses, après l'achèvement des quatre premières, et moyennant un prix également fixé à forfait, le matériel ayant servi à leur construction.

Or, M. Eiffel ne justifierait pas qu'il ait, au moment de la rupture du contrat, fait des sommes reçues l'emploi prévu par ce contrat.

Messieurs, je dois vous avouer que les Conseils de M. Eiffel ont éprouvé une véritable stupéfaction lorsqu'ils ont appris que c'était sur un pareil fondement que la prévention entendait édifier les poursuites. Nous avons eu bien souvent, nous avons tous les jours, depuis que nous avons l'honneur de plaider devant le Conseil d'État, des contrats d'entreprise sous les yeux; presque tous ils comportent pour l'entrepreneur, non seulement l'obligation d'effectuer des travaux, mais encore celle de faire certaines fournitures, et jamais il n'est venu à notre pensée, jamais il n'était venu à l'esprit des parties, ni surtout du Conseil d'État statuant au contentieux, d'y voir deux contrats : un marché pour les travaux à exécuter; un *mandat* pour les fournitures de matériel ou de matériaux; toujours il avait paru, en pareil cas, que l'obligation de l[illegible]er ces fournitures n'était qu'une clause accessoire et une dépendance nécessaire du contrat principal, dans les termes de l'article 1787 C. civ. Jamais nous n'aurions pu croire, surtout en lisant le contrat passé avec M. Eiffel, que l'on pût y voir un mandat.

Sur notre demande, pour rassurer nos consciences, et voir s'il existait réellement une question que nous n'apercevions pas, quant à nous, M. Eiffel a consulté des maîtres en la matière. Je demande pardon à la Cour de qualifier ainsi mes confrères ; elle comprendra pourquoi quand je lui aurai dit que nous nous sommes adressés à Mᵉ Fosse, qui a laissé de si honorables souvenirs à la Cour, et qui durant trente années a représenté le Ministère des Travaux publics devant le Conseil d'État et la Cour de cassation ; à Mᵉ Nivard, l'avocat du Ministère de la guerre, qui a été et est encore l'adversaire de tant d'entrepreneurs ; et à Mᵉ Barry, l'auteur d'un traité très estimé sur les travaux publics. Or, pas un d'eux n'a vu dans le contrat du 10 décembre 1887 autre chose qu'un marché de travaux, et dans l'article relatif aux fournitures qu'une des clauses ordinaires d'un louage d'ouvrage. Tous surtout ont protesté contre l'idée d'un mandat. La Cour a ces consultations sous les yeux ; elle voudra bien s'y reporter.

Pourquoi ne le dirais-je pas aussi, Messieurs, depuis qu'il a été question de cette affaire, d'autres consultations nous sont venues, ou pour mieux dire, de nombreuses protestations nous ont été adressées, contre le système aussi nouveau que dangereux, qui résulterait de l'arrêt de la Cour de Paris. Des industriels considérables, des constructeurs, des ingénieurs, ont été alarmés de la situation qui serait désormais faite aux entrepreneurs, si cette décision pouvait rester un instant debout.

Vous rendez-vous compte de cette situation ? Voyez-vous d'ici un entrepreneur en lutte avec l'administration ? Il est peu d'entreprises importantes qui ne donnent lieu à un litige. L'administration est armée du droit de résiliation, de déchéance, de mise en régie ; elle a la ressource de la mise en faillite, souvent après qu'elle a contribué elle-même par ses retards dans les payements, à entraîner la déconfiture de l'entrepreneur ; sans parler des clauses pénales de toutes sortes, et de ces fins de non-recevoir qu'elle sème à plaisir dans le contrat. Quel argument sans réplique et quel moyen infaillible pour elle de faire arriver l'entrepreneur à composition, si elle pouvait encore lui dire : au surplus, pour les fournitures que vous avez à faire, vous n'êtes qu'un mandataire. Vous êtes en retard de les livrer; moi, génie militaire; moi, Préfet; moi, ingénieur; moi maire, *je vais vous faire poursuivre en police correctionnelle!* Bien entendu, la contre-partie ne serait pas vraie, et l'administration pourrait manquer à ses engagements sans encourir aucune responsabilité pénale. Croyez-moi, Messieurs, je ne serai démenti par personne en affirmant que s'il en était ainsi, vous ne trouveriez plus d'entrepreneurs, ni français, ni étrangers. Et je vous demande instamment de peser cette considération lorsque vous examinerez le moyen que nous vous proposons.

IV

Discutons ce moyen. Mais, Messieurs, est-ce que j'ai le droit de vous prouver qu'il n'y avait pas mandat? Est-ce qu'il ne s'agit pas là d'une question de fait? Est-ce que vous avez le pouvoir de contrôler un arrêt des juges du fond qui vous dit : Je reconnais dans la clause relative à la fourniture du matériel des ouvrages d'art, ou dans celle relative à la réinstallation du matériel des écluses, les caractères constitutifs d'un mandat?

Je ne sais si je me trompe, mais j'ai le ferme espoir de

vous démontrer, à l'aide de votre propre jurisprudence, que vous êtes doublement armés pour rendre au contrat sa signification vraie, sa qualification et ses véritables effets juridiques.

Oui, les tribunaux ont un pouvoir souverain pour rechercher quelle a été la pensée des parties contractantes; pour déterminer le sens et la portée des conventions; mais c'est à une double condition et sous une double réserve :

1° D'abord, quand une clause n'est pas susceptible de deux sens, et quand la volonté des contractants est clairement exprimée, les juges du fait ne peuvent, sous prétexte d'interprétation, même à l'aide de preuves testimoniales, ou de présomptions de l'homme, quand elles seraient admissibles, par exemple, en matière commerciale (art. 109 C. com.), chercher à dénaturer les conventions des parties, pour leur faire dire autre chose que ce qu'elles ont stipulé.

La Cour me croira sur parole quand je lui dirai que je pourrais citer plus de cinquante arrêts en ce sens. Je me contente de placer sous ses yeux ses deux dernières décisions rendues à huit jours d'intervalle (Cas. civ., 29 novembre 1892, aff. Garnier. S. 93. 1. 70. *Id.* 20 novembre 1892. aff. Genot. S. 93. 1. 71).

Je ne lui lirai même que quelques considérants de ce dernier arrêt, rendu au rapport de M. le conseiller Dareste :

« Vu l'art. 1134 C. civ.

« Attendu que s'il appartient aux juges du fait de détermi-
« ner le sens et la portée des conventions des parties, et de

« rechercher leurs intentions, ce pouvoir ne saurait aller « *jusqu'à dénaturer ces conventions, lorsqu'elles sont claires et* « *formelles et ne comportent aucune interprétation.* »

Dans cette affaire, il s'agissait de savoir si une ouverture de crédit s'appliquait à des opérations futures seulement, ou si elle concernait des opérations déjà faites, en sorte que les sûretés promises garantiraient ces opérations antérieures. La Cour de Besançon s'était efforcée, à l'aide de présomptions empruntées aux faits de la cause, de prouver que les parties avaient dû vouloir se référer à des opérations déjà faites, mais la Cour suprême a cassé en disant :

« Que la convention était expresse et ne pouvait laisser « aucun doute; que dès lors il n'appartenait pas au juge du « fait d'en méconnaître les termes pour s'attacher à l'intention « présumée des parties... »

Vous vous souviendrez de cet arrêt, Messieurs, quand il s'agira de la clause relative aux fournitures du matériel des ouvrages d'art, et de l'état n° 9, et qu'on verra la Cour de Paris opposer à une clause formelle, précise, non susceptible de deux sens, l'interprétation qu'elle donne au témoignage d'ailleurs si confus de l'ingénieur Dingler, qui aurait participé aux négociations antérieures au contrat.

Telle est la première restriction.

2° Voici maintenant la seconde que l'on rencontre également dans tous vos arrêts, et qui va trouver son application directe dans la cause.

Si les Cours d'appel peuvent dégager des clauses incertaines et parfois contradictoires des actes la commune intention des parties, elles ne sauraient donner aux conventions ainsi constatées, une fausse qualification pour les placer dans une classe à laquelle elles seraient étrangères, ou pour les affranchir des règles particulières qui doivent les régir, ou pour les soumettre à des règles qui ne leur sont pas applicables.

Je cite au hasard quelques-unes de vos décisions :

« Attendu, disiez-vous dans un arrêt du 24 avril 1844, que
« s'il appartient aux Cours royales d'apprécier les faits, et
« d'interpréter souverainement le sens et la lettre des conven-
« tions, il entre dans les ATTRIBUTIONS ESSENTIELLES de la Cour
« de Cassation d'examiner si, dans l'exercice de ce pouvoir,
« les Cours royales n'ont pas méconnu *les caractères de la*
« *convention dans ses rapports avec la loi qui en a défini les*
« *caractères constitutifs.* » (Dalloz, v° *Cassation*, n° 1584.)
Cass., 5 mai 1835. S. 35. 1. 166.
Ib., 23 janvier 1832, Dal., v° *Vente*, n° 345.

Dans une autre espèce, la Cour de cassation semble avoir par avance condamné la décision que nous critiquons aujourd'hui. Une Cour d'appel avait arbitrairement séparé deux clauses d'un même acte pour y voir deux contrats distincts. Votre chambre civile n'a pas hésité à casser, par arrêt du 4 juin 1819 (D. 19. 1. 307); par ce motif :

« ... *Que l'on ne peut briser de la sorte l'unité d'un contrat,*
« — entendez bien ceci, Messieurs, — *dont toutes les stipula-*
« *tions concourent au but* que le père de famille déclare s'être
« proposé, *sans dénaturer le caractère de l'acte...*
« Attendu que, s'il appartient au juge du fait de rechercher
« dans un acte la commune intention des contractants, de la

« dégager des clauses incertaines ou contradictoires de ces « actes et des faits qui s'y peuvent rattacher, il ne peut lui « appartenir, ni de modifier arbitrairement un contrat, sous « prétexte d'interprétation ; ni d'en changer LA NATURE et L'ES- « SENCE, *et lui donner une fausse qualification pour le placer* « *dans une classe à laquelle il serait étranger, ou pour l'affran-* « *chir des règles particulières qui doivent le régir, ou pour le* « *soumettre à des règles qui ne lui sont pas applicables.* »

Voilà encore un arrêt qu'il importera de ne pas perdre de vue quand vous vous demanderez bientôt si la clause relative à la fourniture du matériel était ou non un contrat distinct des autres stipulations du traité d'entreprise.

Je vous cite, en passant, d'autres arrêts qui, spécialement en matière de transaction, ont cassé, parce que des Cours d'appel avaient, comme la Cour de Paris, dans l'espèce, arbitrairement restreint les effets de transactions qui avaient déclaré terminer tous les comptes pouvant exister entre les parties. (31 janvier 1835, D. 35. 1. 7; 8 juillet 1836, D., v° *Cassation*, n° 131, note 1 ; 19 novembre 1851 ; D. 51. 1. 321.)

C'est une doctrine tellement constante que nous craindrions d'abuser de vos moments en insistant davantage. Est-ce que ces règles incontestables, formellement appliquées par la Chambre Civile, ne seraient plus vraies devant votre Chambre Criminelle? Est-ce que les juges du fait pourraient impunément appeler dépôt une vente, appeler mandat un louage d'ouvrage? Ici encore, vous avez vous-même répondu, et l'on comprend sans peine qu'il y avait une raison de plus pour permettre à votre juridiction suprême de contrôler la qualification donnée aux actes; c'est que, pour certains délits, pour l'abus de confiance par exemple, l'existence de tel ou tel contrat est un des éléments constitutifs de ces délits. Je remarque encore ceci de particulier dans vos arrêts que je vais vous rappeler, c'est que vous ne cassez même pas pour violation de la loi du contrat, et de l'article 1134 C. civ., vous cassez tout simplement pour violation de l'article 408 C. pén.

Les exemples abondent. Nous vous avons cité dans l'instruction écrite un arrêt de la Chambre Criminelle du 29 septembre 1820 (B., n° 128). M. le rapporteur en a compris l'importance et vous l'a lu tout entier. Je me borne à vous rappeler que, dans cette affaire, une Cour avait vu un dépôt dans le fait par un marchand de blé d'avoir remis des sacs de blé à un boulanger qui devait les lui payer au fur et à mesure de la fabrication du pain. Ce boulanger, une fois le blé reçu, l'avait revendu, et n'avait rien payé. La Cour de cassation a refusé de voir, comme l'avait fait la Cour d'appel, un dépôt dans ce contrat et n'y a vu qu'une vente ne donnant pas lieu à l'application de l'article 408.

Voici, Messieurs, des arrêts plus récents.

Dans une affaire jugée par la Chambre Criminelle, le 22 juin 1860 (*Bull.* à sa date), une Cour, la Cour de Paris, avait considéré comme un dépôt le fait d'avoir reçu des objets de bijouterie qui avaient été remis à charge de les rendre ou *d'en restituer le prix.* Vous avez, au contraire, vu là une vente conditionnelle, et vous avez cassé l'arrêt de la Cour de Paris pour avoir qualifié ce contrat de dépôt et avoir appliqué à tort l'article 408.

Même solution dans un arrêt de cassation du 21 avril 1866 (*B.* à sa date).

Ainsi, pour quiconque se pénètre de la pensée de tous vos arrêts, vous considérez non seulement comme un droit, mais encore comme une *attribution essentielle* de la Cour de cassation (arrêt de 1844 précité) et comme un devoir, de réviser les qualifications erronées données aux actes par les juges du fond, surtout en matière pénale où, encore une fois, de la nature du contrat dépend souvent l'existence ou la non-existence d'un délit.

V

Cela étant, est-il possible de voir un mandat dans le contrat passé par M. Eiffel? Je m'engage à vous démontrer : 1° que ce contrat n'est qu'un louage d'ouvrage, comportant une entreprise de travaux et un marché de fournitures; 2° que ce contrat, tel qu'il résulte de l'acte du 10 décembre 1887, tel qu'il est analysé par l'arrêt, *ne peut être* un mandat, car il serait en opposition avec toutes les règles qui sont de la nature du mandat, et même à certaines règles qui sont de son essence.

Bien que cet acte du 10 décembre 1887 vous ait été on ne peut plus fidèlement résumé dans le rapport, il est indispensable que je vous en remette sous les yeux les principales clauses : je le ferai d'abord, en quelque sorte, sans commentaires et je m'en expliquerai plus tard :

« Entre les soussignés :

« M. Charles de Lesseps; M. Gustave Eiffel, *ingénieur-* « *constructeur...* » Retenez, Messieurs, cette qualification;

« Il a été exposé, convenu et arrêté ce qui suit :

« Art. 1er. — Objet de l'entreprise.

« M. Eiffel s'engage à exécuter, aux clauses et conditions « suivantes, toutes les écluses que la Compagnie du Canal se « propose de construire pour établir une navigation provi- « soire dans le Canal de Panama pendant la période d'achè- « vement des travaux d'excavation nécessaires pour les « communications à niveau entre l'Océan Atlantique et « l'Océan Pacifique.

« M. Eiffel se charge *de la construction complète des écluses « avec leurs engins de fermeture et de manœuvre*, y compris « l'exécution de tous les ouvrages accessoires et de toutes « fouilles sans exception que ces ouvrages comportent.

« En conséquence, l'entreprise comprend :

« 1° Tous les déblais nécessaires pour l'établissement des « sas proprement dits et des têtes...

« 2° Tous les travaux préliminaires nécessaires pour mettre « les chantiers des écluses et leurs dépendances à l'abri des « eaux... »

3° ... Jusqu'au n° 11, des *fournitures* de toute nature : fers, fontes, etc.

Dans ce même article 1er figure cette clause à laquelle je faisais allusion et qui met à la charge de M. Eiffel tous les risques de l'entreprise.

« C'est lui qui aura *non seulement l'entière responsabilité des « travaux...*, mais encore la responsabilité de la direction et « de l'organisation des chantiers des écluses... Il devra lui- « même et de sa propre initiative faire tous les travaux « nécessaires pour mettre ses chantiers à l'abri des eaux.... »

Il devra dévier tous les cours d'eau qui pourraient envahir les fouilles, construire tous les bâtardeaux nécessaires pour isoler les chantiers. Grave responsabilité, Messieurs, qui pouvait, on ne saurait assez le redire, devenir pour l'entrepreneur une cause de désastre et de ruine! C'est ce que ne devraient pas oublier ceux qui lui reprochent aujourd'hui les profits retirés par lui du contrat.

Le nombre des écluses prévues était de dix, cinq sur chaque versant, mais la Compagnie du Canal se réservait jusqu'au 1er avril 1889 la faculté d'en supprimer deux sans que l'entrepreneur pût rien réclamer. M. Eiffel avait, d'ailleurs, la faculté d'attaquer les dix écluses à la fois.

L'article 2 était relatif au *mode de payement des travaux :*

« Les ouvrages d'art et les déblais de toute nature, y était-« il dit, seront payés d'après des pesées, mesurages et atta-« chements contradictoires et d'après les prix du bordereau.

« En outre des obligations spécifiées au bordereau, ces « prix *comprennent la fourniture du matériel que la Compa-« gnie du Canal ne se sera pas expressément engagée à four-« nir, soit en espèces, soit en nature...* »

Et le même article ajoutait :

« Toutefois, les allocations spéciales ci-après définies seront « attribuées à M. Eiffel :

« Pour la construction de tous les bâtardeaux et les dévia-« tions des cours d'eau que M. Eiffel devra effectuer sous sa « responsabilité et de sa propre initiative...

« Pour la pose, la réparation, l'entretien et le déplacement « des voies de toute nature des chantiers... »

Après quoi, venait un paragraphe se rattachant à l'article 4 du contrat :

« Les frais pour la pose, les réparations, l'entretien et le « déplacement des voies de toute nature des chantiers des

« ouvrages d'art, sont *compris dans les forfaits prévus pour le* « *matériel spécial de ces chantiers* (2° de l'article 4 ci-après) « et ne donneront lieu à aucune allocation spéciale. »

L'article 3 stipulait que tout devait être terminé dans un délai de *trente mois.*

« *M. Eiffel s'engage à terminer complètement tous les tra-* « *vaux* dont il est chargé, dans un délai de trente mois à « partir du 1er janvier 1888, c'est-à-dire avant le 30 juin « 1890. »

Le reste de l'article édictait contre M. Eiffel les pénalités les plus sévères pour les cas de retard, ou d'inobservation des ordres de service à lui donnés par le représentant de la Compagnie.

Puis l'article 4, où la Cour de Paris a vu un mandat et qu'à ce titre, il importe plus particulièrement de connaître, contenait les dispositions suivantes :

« Art. 4. *Livraison des chantiers et de leurs dépendances.* « *Matériel.*

« ... La Compagnie mettra à la disposition de M. Eiffel « les emplacements des chantiers des écluses et de leurs « dépendances, avec le *matériel* et les *installations* qui s'y « trouveront au moment de la remise...

« Une spécification détaillée de ce matériel et de ces instal- « lations sera établie contradictoirement pour chacun des « chantiers, au moment de la remise à M. Eiffel. Si le matériel « et les installations mises à la disposition de M. Eiffel sont « insuffisantes pour assurer la marche normale des chantiers, « M. Eiffel devra faire connaître, dans le plus bref délai, au « directeur des travaux, à Panama, le matériel et les instal- « lations qu'il *jugera nécessaires pour les besoins de son entre-* « *prise.* M. Eiffel devra établir ses demandes séparément pour « le matériel relatif aux *déblais, pour le matériel spécial pour*

« *l'exécution des ouvrages d'art proprement dits,* et pour le « matériel roulant. Le directeur devra, dans un délai de dix « jours au plus, répondre à M. Eiffel et lui faire connaître si « la Compagnie du Canal *peut, et dans quelle mesure,* avec « les ressources dont elle dispose dans l'isthme, satisfaire aux « demandes de M. Eiffel.

« Le *matériel* et les installations **de l'entreprise** suivant « leur destination, *seront soumis à des prescriptions diffé-* « *rentes définies ci-après.* »

Le contrat fait rentrer ensuite ce *matériel* DE L'ENTREPRISE dans trois chapitres : Le premier intitulé : MATÉRIEL ET INSTALLATION POUR LES DÉBLAIS et qui se subdivise lui-même en deux paragraphes :

« A. *Matériel et installations habituels des chantiers de ter-* « *rassement ;* B. *Matériel exceptionnel que nécessitent la* « *nature et le mode d'attaque des fouilles des sas et des têtes.* »

A. — Pour le matériel des terrassements, le contrat spécifiait les objets à fournir pour chaque écluse. Si la Compagnie ne pouvait livrer ce matériel à M. Eiffel, il s'en chargeait lui-même et devait être payé conformément au bordereau des prix, ou sur production de factures régulières, majorées de 20 p. 100 pour surveillance et frais généraux, pour les articles auxquels les prix du bordereau ne seraient pas applicables. Les frais de transport devaient être réglés d'après les prix 21, 22 et 24 du bordereau. Disons tout de suite que ce n'est pas là que l'on a vu un mandat.

B. Quant au matériel des fouilles, il n'était pas spécifié.

« Le matériel exceptionnel pour fouilles n'est pas défini « d'une manière positive, mais il se rapporte principalement « aux appareils devant servir au montage vertical des déblais.

« M. Eiffel ne sera pas admis à réclamer à raison de cette in-
« détermination et de ses conséquences.

« Si dans le matériel dont la Compagnie pourra disposer dans « l'Isthme, M. Eiffel ne trouve pas le matériel exceptionnel « qu'il juge nécessaire pour assurer la marche rapide des « fouilles, il devra se procurer à ses risques et périls le maté- « riel manquant, sans que la Compagnie ait à intervenir dans « le choix et l'acquisition de ce matériel. »

M. Eiffel devait être payé des dépenses faites à ce sujet sur fac[illegible]es majorées de 20 p. 100; mais le total ne devait pas : « d[illegible]passer une somme de 1 million pour l'ensemble de « l'entreprise, y compris toutes les dépenses de transport, « de montage, et de mise en état de marche, et en général de « faux frais et majorations, faux frais de surveillance et frais « généraux. »

Là encore, la Cour n'a pas vu de mandat.

Nous arrivons au titre II, à ce « matériel *de l'entreprise* » que l'on désigne ainsi : « MATÉRIEL SPÉCIAL NÉCESSAIRE POUR L'EXÉCUTION DES OUVRAGES D'ART PROPREMENT DITS. »

Nous transcrivons littéralement toute la clause qui y est relative :

« *Le matériel spécial nécessaire pour l'exécution des ouvrages* « *d'art proprement dits*, non compris le matériel afférent aux « déblais des sas et des fouilles des têtes, est évalué pour « chacune des écluses commencées les premières, à 3 millions, « conformément aux indications de l'état n° 9 ANNEXÉ AU PRÉ- « SENT CONTRAT A TITRE DE RENSEIGNEMENT ;

« La somme nécessaire *pour démonter ce matériel spécial,* « *le transporter et le remettre en état pour le service des chan-* « *tiers des écluses suivantes*, est évaluée, pour chacune de ces « écluses, à la somme de 1,500,000 francs.

« D'autre part, la Compagnie se réserve le droit de fournir

« à M. Eiffel la partie du matériel qu'elle aura disponible dans
« l'Isthme et qui pourra rentrer dans celui prévu à l'état n° 9
« ci-annexé.

« M. Eiffel fera la demande *de tout le matériel nécessaire* et
« la Compagnie lui fera connaître sa réponse dans le délai de
« dix jours.

« Dans un nouveau délai de dix jours au plus après sa
« réponse à M. Eiffel, elle devra livrer à l'entreprise le matériel
« qu'elle se sera engagée à fournir..... »

Puis écoutez bien ce paragraphe :

**« Si, dix jours après la demande de M. Eiffel, la
« Compagnie n'a pas répondu, ou si, après avoir pro-
« mis de livrer, elle n'effectue pas la livraison dans les
« délais ci-dessus indiqués, M. Eiffel SERA LIBRE,
« SANS AUTRE AVIS, DE SE PROCURER LE
« MATÉRIEL ET LES INSTALLATIONS QUI LUI
« SERONT NÉCESSAIRES.**

« La valeur du matériel que la Compagnie se sera engagée
« à fournir à M. Eiffel, et qui rentrera dans celui spécifié à
« l'état n° 9 ci-annexé, du matériel spécial pour chantier des
« ouvrages d'art, sera déduite pour chacune des quatre pre-
« mières écluses de la somme de 3 millions ci-dessus fixée...»

Cette hypothèse, pas plus que celles qui sont prévues aux suivants paragraphes, ne s'est pas réalisée. La Compagnie, mise en demeure de fournir le matériel nécessaire pour les ouvrages d'art, n'a rien fourni.

Je continue :

« Les sommes restantes sur les sommes principales fixées
« à 3 millions de francs pour chacune des quatre premières
« écluses, après déduction de la valeur déterminée, ainsi qu'il
« vient d'être dit, du matériel spécial pour ouvrages d'art

« *à fournir à l'entreprise par la Compagnie, seront considérées*
« *comme des sommes* FORFAITAIRES ACQUISES A M. EIFFEL QUI
« EN AURA LA LIBRE ET ENTIÈRE DISPOSITION.

« Ces sommes seront payées dans les conditions suivantes:

« 25 p. 100 dès que le montant de chaque somme forfai-
« taire sera connu;

« 20 p. 100 quand les chantiers des fouilles seront mis en
« train;

« 20 p. 100 deux mois après la mise en train de ces chan-
« tiers, etc.

« ..... Les soldes *forfaitaires* seront augmentés de la valeur
« du matériel promis par la Compagnie qui n'aura pas été
« remis A L'ENTREPRISE par un motif quelconque...

« ..... La somme de 1,500,000 francs, pour réemploi et
« pour chacune des écluses autres que les quatre premières,
« est également EN FORFAIT dont le payement s'effectuera de
« la manière suivante:

« 25 p. 100 quand les chantiers des fouilles des têtes seront
« mis en train;

« 25 p. 100 deux mois après la mise en train de ces chan-
« tiers, etc... »

Le chapitre III de ce même article 1 est relatif au *matériel spécial* du type Panama Rail Road. Il est sans intérêt dans la cause.

Le chapitre IV est intitulé: « CLAUSES RELATIVES A L'ENSEMBLE DU MATÉRIEL ET DES INSTALLATIONS. »

Certaines dispositions sont prescrites en vue de l'usure et de la dépréciation du matériel qui pourrait être fourni par la Compagnie, et le contrat ajoute:

« Les mêmes prescriptions s'appliquent au matériel acheté
« directement par M. Eiffel, ainsi qu'il a été dit plus haut,
« *matériel qui* DEVIENDRA *la propriété de la Compagnie* DÈS SON
« ARRIVÉE SUR LES CHANTIERS. »

Enfin, pour en finir avec cet article 1, le dernier alinéa faisait rentrer dans la règle posée par l'article 2, § 1 et 2, le petit outillage :

« En dehors du gros matériel spécifié dans les § 1, 2 et 3 du « présent article 1, M. Eiffel aura à SE PROCURER le petit outil« lage, les approvisionnements de matières et les pièces de « rechange nécessaires, soit à l'entretien du matériel, soit à « la marche de l'entreprise. »

Quand nous aurons dit que, par une disposition spéciale, les parties se soumettaient aux clauses et conditions générales des travaux de l'Isthme, et que nous aurons rappelé l'article 15 qui a une importance capitale au procès, nous aurons fini cette analyse forcément longue, mais nécessaire, du contrat.

L'article 15, prévoyant précisément le cas qui s'est produit de la rupture du contrat par le fait de la Compagnie, disposait ce qui suit :

« Si les retards se prolongeaient de plus d'un mois, *ou si les « travaux étaient arrêtés du fait de la Compagnie, la retenue « de garantie, ainsi que toutes les sommes qui pourraient être « dues à l'entreprise, comme celles que pourrait devoir l'entre« prise* à la *Compagnie*, A UN TITRE QUELCONQUE, ne pourraient « être *restituées de part et d'autre* **qu'en solde de compte « et qu'après le règlement définitif de toute question se « rattachant** AU PRÉSENT CONTRAT... »

J'allais omettre de vous dire aussi qu'à l'acte du 10 décembre 1887 étaient annexés le bordereau des prix, et diverses autres pièces, toutes portant la même date, notamment l'état n° 9 dont nous avons parlé et qui se terminait par cette mention spéciale qui ne se trouve pas dans les autres états : Vu pour être annexé au contrat du 10 décembre 1887 A TITRE DE SIMPLE RENSEIGNEMENT.

VI

Eh bien, Messieurs, le croirait-on, c'est dans une des clauses de l'article 4 que la prévention et que la Cour de Paris sont allées chercher un mandat!

Mandataire, M. Eiffel! Mais, vous allez le voir maintenant, toutes les clauses du contrat protestent contre une pareille supposition!

D'abord, M. Eiffel n'exerce pas une de ces professions libérales où l'on reçoit généralement un mandat : notaire, par exemple, avoué, ou autre; il n'a jamais entendu se présenter autrement que comme un entrepreneur; il est désigné au contrat comme *ingénieur-constructeur;* c'est bien comme entrepreneur et comme entrepreneur seulement, que M. de Lesseps a entendu traiter avec lui, au nom de la Société, et plus tard, c'est en cette qualité seule que le liquidateur a réglé avec lui les comptes de l'entreprise. N'est-il pas étrange, quand les parties ont toujours été d'accord et le sont encore aujourd'hui, pour qualifier le contrat, que la prévention et l'arrêt viennent leur dire: Vous vous êtes trompés; je vous apprends que vous avez fait un contrat de mandat!

La Cour de Paris, pour le décider ainsi, prétend que la convention relative à la fourniture du matériel des ouvrages d'art est un contrat à part qui se sépare entièrement des autres stipulations du traité du 10 décembre 1887. Quelle erreur, Messieurs, si l'on se reporte au texte du traité lui-même! Mais quelle erreur surtout, si l'on en considère le but, l'objet et la cause!

Le texte d'abord! Pas une fois dans cet acte, il n'est question de *mandataire*, ni de *mandat!* A chaque ligne, on parle, au contraire, de l'*entreprise* et de l'*entrepreneur.*

Et maintenant que vous connaissez ce contrat, vous savez que la convention dont on parle n'est pas autre chose qu'une clause du marché lui-même, contenue dans l'article 4 de ce marché, dont elle n'est qu'un des paragraphes, absolument comme celles relatives à d'autres fournitures de matériel que, par une bizarrerie inexplicable, on ne considère pas comme ayant fait l'objet d'un mandat. Pourquoi? puisque, pour ne parler que du matériel des terrassements, ce matériel était *spécifié, déterminé* dans l'article 4 lui-même, non plus à titre *de simple renseignement*, comme le matériel de l'état n° 9, mais obligatoirement, contractuellement? Vous savez de plus que cet article 4 n'est pas isolé; qu'il se rattache étroitement à ceux qui le précèdent et n'en est que le complément; que l'article 2 mentionne même par avance le § 2 de l'article 4, comme établissant des conditions de payement particulières pour le matériel des ouvrages d'art. Vous n'avez certainement pas oublié non plus que ce même article 4, dans son 1er alinéa, avant d'établir des prescriptions différentes pour les diverses sortes de matériel, les désigne toutes sous cette appellation générale : « Matériel et installation *de l'entreprise.* »

Enfin, l'article 15 ne répond-il pas absolument, péremptoirement à l'arrêt qui veut voir contre l'évidence, contre le sens commun, deux contrats distincts, lorsqu'il dispose qu'en cas de rupture du contrat par le fait de la Compagnie, toutes sommes dues, de part et d'autre, *à un titre quelconque*, ne pourront *être restituées* qu'en solde de compte, et après règlement définitif de toute question se rattachant au PRÉSENT CONTRAT !

Au *présent contrat*, entendez-vous, Messieurs. C'est l'acte même du 10 décembre 1887 qui proclame l'existence de ce contrat *unique*. De quel droit vient-on donc, substituant sa volonté à celle des parties, vous dire : Mais ce contrat était double, il y avait une entreprise, et il y avait un mandat ! N'avons-nous pas le droit de vous dire que la Cour de Paris, a, comme dans l'affaire jugée par l'arrêt du 4 juin 1849, *brisé l'unité* d'un contrat; qu'elle a arbitrairement séparé des *stipulations qui toutes concouraient* au but que les parties s'étaient proposé ! Et la conséquence nécessaire, à s'en tenir même simplement au texte de la convention, ne serait-elle pas déjà d'annuler un arrêt qui en a ainsi méconnu et dénaturé les clauses !

Mais j'ai hâte, Messieurs, quelque décisif que soit cet examen des textes, d'entrer dans le vif de la question. Quel était donc l'objet de l'entreprise? Quelle était la destination de ce matériel que M. Eiffel devait se procurer, et dont la propriété appartiendrait ensuite, mais plus tard, à la Compagnie? Est-ce que la Compagnie se proposait d'avoir un matériel unique pour le collectionner, pour en faire une exposition et pouvoir en montrer un stock ?

Non, ne l'oubliez pas, M. Eiffel était chargé de la construction complète des écluses dans un délai de 30 mois, et il en était chargé à ses risques et périls. Pour effectuer les travaux, il lui fallait un matériel. Quand donc la Compagnie se réserve la faculté de lui fournir ce matériel, ou si elle ne le fournit pas, de lui verser une somme d'argent pour l'acquisition et l'installation de ce matériel, cette fourniture se lie étroitement et nécessairement à l'objet du contrat qui est l'entreprise.

En voulez-vous la preuve? Le paragraphe même où il est question du matériel des ouvrages d'art est ainsi conçu : « 2° *Matériel spécial* « *nécessaire* POUR L'EXÉCUTION *des ouvrages d'art proprement dits.* » Ce matériel a donc un rôle bien déterminé. Il est destiné à l'*exécution* des ouvrages d'art. Supprimez cette fourniture du matériel, vous supprimez la possibilité d'exécuter les travaux d'art; l'entreprise elle-même n'existe plus. Comment, sans ce matériel, M. Eiffel fera-t-il la construction complète des écluses? Comment arrivera-t-il, dans le délai de 30 mois? Comment exécutera-t-il ce travail qu'il s'est engagé, sous les pénalités les plus sévères, et en s'exposant à tous les risques, à exécuter et mener à bonne fin? Vous voyez bien qu'en supprimant cette clause, toute l'économie du contrat du 10 décembre est détruite, et que ce contrat n'est plus susceptible d'exécution.

Mais alors, Messieurs, s'il en est ainsi, c'est que cette partie de la convention n'est pas un contrat à part; c'est qu'elle est une partie intégrante, nécessaire et indivisible du contrat principal! D'où la conséquence, encore un coup, que l'arrêt attaqué, en y voyant un mandat, a une une fois de plus manifestement dénaturé ce contrat et substitué sa volonté à celle des parties!

Qu'a-t-on objecté? Nous avons la bonne fortune de n'avoir entendu aucune objection de la part de l'honorable Conseiller rapporteur qui a cependant reproduit, vous vous rappelez avec quel soin, toute l'argumentation du pourvoi. Mais la Cour de Paris a objecté l'état n° 9. Vous deviez, a-t-elle dit, fournir les objets qui étaient détaillés dans cet état n° 9 !

Disons tout de suite que nous accepterons, par hypothèse, pour la discussion, cette interprétation donnée à l'état n° 9. Car, en la tenant pour vraie, elle ne gêne en rien le système du pourvoi sur la non-existence du mandat.

Et cependant, sans vouloir empiéter sur le développement du moyen qui vous sera plaidé tout à l'heure, je ne puis me dispenser de vous faire remarquer que le contrat, comme l'état n° 9 qui lui est annexé, portait expressément que cet état n° 9 (conformément à une jurisprudence et à une pratique constantes en matière de sous-détails), n'était qu'une indication donnée *à titre de simple renseignement*, ce qui ne permettait pas à la Cour, même en invoquant des témoignages et des présomptions, de substituer une autre clause, ni de donner un autre sens, à une volonté aussi formellement exprimée. Rappelez-vous l'affaire Genot. (Cass. 29 novembre 1892.)

D'autre part, d'après son contrat, M. Eiffel doit se procurer, non pas les objets *indiqués à l'état n° 9*, mais le matériel QUI LUI SERA NÉCESSAIRE. Or, il se peut que le matériel n° 9 soit jugé insuffisant par les ingénieurs et il devra le compléter. Il se peut encore qu'ayant fourni tout ce matériel, ce matériel vienne à périr deux fois, dix fois, et M. Eiffel sera cependant tenu de le remplacer. Nouvelle preuve que la Cour s'est absolument méprise sur le sens si clair et si indiscutable des termes du contrat et de l'état n° 9 !

Mais je l'ai dit, j'accepte la clause que la Cour de Paris a substituée au contrat lui-même. Cela ne change rien à ma thèse. Soit! M. Eiffel sera tenu de fournir les objets spécifiés dans l'état n° 9. Cessera-t-il pour autant d'être entrepreneur? Mais non. L'article 1787 C. civ. porte, au contraire, formellement ce qui suit : « Lorsqu'on charge « quelqu'un de faire un ouvrage, on peut convenir qu'il « fournira seulement son travail ou son industrie, *ou* « *qu'il fournira aussi la matière.* »

Les auteurs ont pu disputer sur le point de savoir si en pareil cas, et pour les fournitures, il y aura vente ou louage. Mais pas un assurément n'a pensé qu'il y aurait mandat donné à l'entrepreneur. La vérité est qu'il s'agit d'un marché de fournitures qui n'est qu'un accessoire du louage d'ouvrages.

Pour ne pas abuser de vos instants, je ne vous ferai qu'une citation. MM. Cristophle et Auger, *Travaux publics*, n° 45, s'expriment ainsi :

« Les marchés de travaux publics comportent le plus sou-« vent avec eux un *marché de fournitures*. Ainsi l'entrepre-« neur qui prend l'engagement de construire une route, un « pont, fournit en même temps les matériaux nécessaires à « l'édification des ouvrages. Mais cet engagement est alors *un* « *accessoire* de la mise en œuvre, et le contrat, dans son « ensemble, n'est en réalité *qu'un marché de travaux publics.* »

Et ailleurs :

« Il y a marché de travaux publics lorsque l'obligation prin-« cipale du contrat est le travail à exécuter, la *fourniture* « *n'en étant que l'accessoire*, en quelque sorte, le moyen « d'exécution. »

Ainsi pensent tous les auteurs spéciaux sur la matière.

Qu'importerait donc que M. Eiffel fût tenu, malgré les termes du contrat qui protestent contre une pareille supposition, de fournir un matériel déterminé pour les ouvrages d'art. Cet engagement de livrer tels ou tels objets ne serait qu'un corollaire et un accessoire de son contrat d'entreprise, et un moyen de mettre en œuvre cette entreprise. Ce serait un marché de fournitures, et il n'en reste pas moins vrai de dire, en toute hypothèse, que ce marché de fournitures n'est pas un contrat distinct, mais qu'il est une partie intégrante, nécessaire et la condition *sina qua non* de l'existence du contrat d'entreprise.

Je regrette d'insister, car je sens que je vous démontre l'évidence. Cependant je m'en voudrais de ne pas appeler encore votre attention sur une autre circonstance décisive et qui, si je ne me trompe, sera de nature à frapper vos esprits.

D'après la prévention et d'après l'arrêt, M. Eiffel aurait reçu un double mandat : fournir les objets indiqués à l'état n° 9, et ensuite faire le transport et la réinstallation du matériel ayant servi à la construction des premières écluses, sur le chantier d'autres écluses.

Or, Messieurs, reportons-nous à l'état n° 9, j'en détache seulement le dernier article intitulé : « 6° BATIMENTS ET CONSTRUCTIONS. »

J'y lis :

Ateliers.	1000^{m2}	à 80 f.	80,000
Magasins à ciment.	500^{m2}	50	25,000
Construction métallique	2500^{m2}	120	300,000
Maison type E³ et E⁴	10^{m2}	12000	120,000
Baraquements pour 30 ouvriers .	35	8000	280,000
Somme à valoir pour pose, entretien des voies, installations diverses et dépenses imprévues .	. . . . .	. . . . .	116,650

Il ne s'agit pas, on le voit, de faire de simples fournitures. Prenons un seul exemple : les baraquements. M. Eiffel fera venir sur les chantiers les pièces qui devront servir à leur construction, je le veux bien. Mais une fois rendues sur place, il faudra les monter, s'adresser à des maçons, à des serruriers, à des charpentiers, à des peintres, à des vitriers, à des couvreurs, en un mot à tous les corps de métiers. Or, depuis quand un maçon, un serrurier chargés d'un travail sont-ils des mandataires? D'autre part, depuis quand l'entretien d'*une voie*, ferrée ou non, et les travaux d'*installation* comme ceux qui sont évalués 116,650 francs, sont-ils le fait d'un mandataire?

Nous en dirons autant et à plus forte raison de la clause par laquelle M. Eiffel reçoit une somme à forfait pour « *démonter* le matériel spécial, le *transporter* et le *remettre en état* pour le service des chantiers des écluses suivantes. » J'ai toujours cru et vous penserez sans doute comme moi que le voiturier, par terre ou par eau, qui est chargé d'effectuer un transport n'est pas autre chose qu'un *entrepreneur*. C'est ainsi que l'article 1785 C. civ. le qualifie, et la Cour de Paris n'a pas pris garde que ce contrat est compris dans le chapitre III du titre VIII C. civ., intitulé : « *Du louage d'ouvrage et d'industrie.* »

Et le fait de *démonter* et de *réinstaller* ailleurs le matériel des écluses terminées, ne rentre-t-il pas essentiellement dans le domaine de l'ouvrier, du constructeur? Et quand surtout celui qui doit faire ce démontage et cette réinstallation est un entrepreneur et que ces travaux sont une partie intégrante et inséparable de son entreprise, je vous le demande, Messieurs, de bonne foi peut-on y voir autre chose qu'un louage d'ouvrage?

Vous le voyez, l'arrêt de la Cour de Paris se heurte à chaque pas à une impossibilité, à des conséquences de plus en plus inadmissibles. Je tiens à vous en signaler une dernière. Supposons qu'au lieu d'avoir traité avec la Compagnie du Panama, M. Eiffel ait eu affaire à l'État français ou bien à un département, ou une commune. Je voudrais bien savoir qui serait compétent pour statuer sur les contestations pouvant exister entre les parties? Diriez-vous: pour celles qui sont relatives aux travaux, ce serait le Conseil de préfecture; pour celles concernant les fournitures, il y a là contrat de droit civil, il ne s'agit plus d'une affaire concernant l'exécution de travaux publics; donc les tribunaux judiciaires doivent en connaître. Ce serait une bien grave erreur. Le Conseil d'État dirait: le contrat tout entier a revêtu la forme administrative; l'article 15 a voulu que toutes les obligations existant de part et d'autre entre les parties à *un titre quelconque*, fussent l'objet *d'un seul et même règlement;* d'autre part, tout ce qui est relatif à la fourniture, au déplacement du matériel d'art, se rattache à l'exécution du contrat du 16 décembre 1887; donc, compétence exclusive de la juridiction administrative (article 4 de la loi du 28 pluviôse an VIII).

Je pourrais m'en tenir là, Messieurs, et conclure. Je vous ai montré, et par le texte formel du contrat, et surtout par son objet, par l'examen des obligations même que l'on prétend avoir été imposées à M. Eiffel, qu'il n'était qu'un entrepreneur, et qu'il n'avait fait qu'un louage d'ouvrage. Cela suffit pour écarter l'application de l'article 408 C. pén. et exclure toute idée d'abus de confiance.

VII

Et cependant, pour que la preuve soit plus complète, pour que l'erreur de l'arrêt attaqué vous apparaisse plus flagrante, et que vous puissiez vous rendre compte du véritable tour de force auquel la Cour de Paris s'est laissée entraîner, je veux maintenant faire la contre-épreuve, et après avoir établi qu'il s'agissait d'une entreprise, je vais vous démontrer, car je m'y suis engagé, qu'en tous cas, il était impossible de voir dans ce contrat un mandat. Je mets au défi un professeur de droit, un jurisconsulte quelconque de reconnaître dans la clause litigieuse un seul des caractères qui sont de l'essence ou même de la nature du mandat.

1° Le mandat est un contrat de bienfaisance. Même intéressé, même salarié, le mandataire fait office d'ami. En droit romain, le mandat était un contrat consensuel, mais quand il était revêtu des formes d'une stipulation, le mandant disait : *rogo, je vous prie*, et le mandataire répondait : *recipio.*

Pothier le définissait ainsi :

« Ce contrat est de la classe des contrats de bienfaisance. » (Mandat, chap. I ,section 1, n° 3.)

Dans l'exposé des motifs fait au Corps législatif, Berlier disait aussi :

« De sa nature, le mandat est gratuit, c'est un office « de l'amitié. Ainsi le définit le droit romain, et notre projet « lui conserve ce noble caractère. »

Et selon M. Paul Pont :

« Il importe de ne pas perdre de vue cette clause propre « au contrat de mandat ; *elle fournit un des signes caracté-« ristiques à l'aide desquels* on doit distinguer le mandat des « autres contrats. » (*Petits contrats*, t. I, n° 821.)

Or, Messieurs, quoi de commun entre le contrat passé avec M. Eiffel et cet office d'ami, cette œuvre de bienfaisance qui caractérise le mandat? M. Eiffel, entrepreneur de la construction des écluses, est chargé par le contrat, moyennant une somme fixée à forfait, et à ses risques et périls, de se procurer le matériel dont il aura besoin pour ses travaux d'art. Est-ce que les deux parties ne sont pas sur le même pied et ne peut-on pas dire d'elles qu'elles contractent *donnant donnant* ?

2° Le mandat est un contrat synallagmatique imparfait.

« En effet, dit M. Troplong (Mandat, n° 11), la seule obli-« gation qu'il engendre principalement et directement, est « celle du mandataire qui, par l'acceptation de la procu-« ration, s'engage à faire l'affaire dont il s'agit et d'en « rendre compte. C'est pourquoi les Romains appelaient cette « action : *Mandati directa*. Quant à l'obligation du man-« dant, elle n'est qu'indirecte : *Mandati contraria*, elle « découle moins d'une obligation particulière au mandant, « et spécialement, que du principe général qui ne veut pas « qu'on s'enrichisse aux dépens d'autrui. »

Est-ce que vous trouvez rien de pareil dans le contrat passé avec M. Eiffel? Est-ce que l'entrepreneur, quand il traite, et dès le jour même où il traite, soit pour les travaux, soit pour les fournitures, n'est pas avec la Compagnie sur le pied d'une parfaite égalité? Est-ce que les deux parties ne sont pas obligées respectivement, l'une envers l'autre, simultanément, M. Eiffel à faire les fournitures nécessaires pour les ouvrages d'art, et la Compagnie à les payer? Il y a mieux, ici l'on verrait ce résultat bizarre que ce serait le prétendu mandant qui s'obligerait le premier, puisque, dans le cas où elle n'use pas de la faculté de fournir elle-même ce matériel, la Compagnie en paie d'avance et à forfait le prix!

3° Poursuivons : Il est de la nature, si ce n'est même de l'essence du mandat, que ce contrat finisse « ... par la révocation du mandataire » (art. 2003 C. civ.); et aux termes de l'article 2004, « le mandant peut révoquer sa procuration QUAND BON LUI SEMBLE ».

D'autre part, le mandat finit aussi par la renonciation du mandataire, qui, pour faire cette renonciation, n'a qu'à notifier un acte au mandant (2007). Et cela, peu importe que le mandat soit salarié ou non :

« Il reste toujours vrai de dire, lit-on dans M. Laurent, « (vol. XXVIII, n° 96, 97), même en ce qui concerne la révoca- « tion du mandat salarié, que tout mandat a pour objet prin- « cipal l'intérêt du mandant. Si le mandataire reçoit un « salaire, cela n'empêche pas qu'il ne fasse la chose pour le « mandant et en son nom. »

Rien de pareil dans le contrat Eiffel. Voyez-vous la Compagnie, après s'être engagée à livrer le matériel ou à payer un forfait, venant dire ensuite à M. Eiffel : j'ai réfléchi, je *révoque* le mandat! Voyez-vous M. Eiffel disant à la Compagnie : J'avais promis, moyennant un certain prix, de me procurer le matériel nécessaire, je renonce à cette partie de mon contrat! Le comprendriez-vous, surtout en présence des clauses de forfait, et de l'*aléa* qui en résulte? Est-ce que cela ne serait pas contraire à toutes les règles des contrats? (1134, 1104, § 2 et 1964 C. civ.)

Qu'importe que cette double faculté de révocation d'un côté, de renonciation de l'autre, soit ou ne soit pas de l'essence même du mandat! Je veux bien qu'elle soit simplement de la nature de ce contrat, mais encore faut-il, pour que cette faculté soit supprimée, que l'on trouve une clause qui contienne cette exception à la règle. Ici elle n'existe pas. Que si l'on me dit que l'interdiction de révoquer ou de renoncer tient à l'objet même du contrat, je répondrai : C'est qu'alors ce contrat n'est pas un mandat puisque par sa nature au moins le mandat est *révocable* et susceptible de renonciation!

4° Voulez-vous considérer maintenant, Messieurs, un autre caractère du mandat, qui est, cette fois, *essentiel*, et sans lequel ce contrat ne peut exister. Il faut, à la différence du droit romain, pour qu'il y ait mandat, que le mandataire agisse *au nom du mandant*, et qu'il oblige directement ce dernier par ses actes (art. 1984).

Eh bien, tout autre est la situation de M. Eiffel par rapport à la Compagnie.

En effet, M. Eiffel achète du matériel; la Compagnie n'en devient pas propriétaire, *ipso facto*. Aux termes du contrat il l'achète pour lui; il SE LE PROCURE, et il n'en transmettra la propriété à la Compagnie que PAR L'ARRIVÉE SUR LES CHANTIERS. Ce sont les termes de l'article 4.

Il achète du matériel. Dès ce jour, s'il l'achetait *au nom* et comme mandataire de la Compagnie, elle devrait en supporter les risques. Il n'en est rien. Ces risques sont, de convention expresse, à la charge de M. Eiffel. De même, la Compagnie devrait payer les frais de transport et le coût des assurances. Il n'en est rien. C'est le prétendu mandataire qui aura tout à sa charge. C'est lui qui s'oblige! Il n'agit pas au nom de la Compagnie!...

Ah! je le sais, la Cour de Paris a inventé une explication. M. Eiffel, a-t-elle dit, n'était pas un mandataire à proprement parler, c'était un commissionnaire, une variété de mandataire! Cela explique, dit-elle, que la Compagnie n'ait pas été obligée par ses actes, et qu'elle n'ait pas acquis de plein droit la propriété des objets achetés par lui!

Il ne vous échappera pas, Messieurs, que c'est une grave erreur de plus! Soit! M. Eiffel était commissionnaire, mais l'arrêt oublie qu'il faut distinguer les rapports du commettant avec le commissionnaire, et les rapports de ce dernier avec les tiers. Sans doute, le commissionnaire, à l'égard de ces derniers, s'oblige personnellement, traite en son nom, et est propriétaire des objets qu'il achète. Mais par rapport à son commettant, il n'est qu'un mandataire, absolument dans les conditions ordinaires... A son égard, il ne s'oblige pas, et n'acquiert pas pour son compte... C'est incontestable. L'article 91 C. com. renvoie formellement aux règles des articles 1981 et suivants du C. civ. et s'exprime ainsi : « ... Les droits et devoirs du commissionnaire qui agit au nom d'un commettant sont déterminés par le C. civ. : liv. III, tit. XIII », c'est-à-dire par le titre *du mandat*.

Et cela est si vrai, que la jurisprudence de la Chambre Criminelle a constamment proclamé cette règle et fait au commissionnaire l'application de l'article 408 C. pén., précisément en le considérant comme un mandataire pur et simple par rapport au commettant, sans se préoccuper de ses rapports avec les tiers. Voyez arrêts du 17 novembre 1866 (S. 68. 1. 280) et du 18 novembre 1882 (S. 84. 1. 299).

S'il en est ainsi, si le fait de M. Eiffel, d'après l'arrêt lui-même, *n'oblige pas la Compagnie;* si M. Eiffel contracte en son nom seul, et achète pour son propre compte, à ses risques, même à l'égard de la Compagnie, c'est qu'il n'est pas plus son commissionnaire que son mandataire.

5° Ce n'est pas tout encore. A d'autres points de vue, l'idée de mandat était incompatible avec les faits constatés par l'arrêt ou non contestés par lui :

Dans les conclusions prises par M. Eiffel, on lisait : « Dire que M. Eiffel, ayant traité à forfait, n'avait aucun « compte à rendre comme mandataire. »

Il est encore de règle, en effet, que tout mandataire doit rendre compte. L'article 1993 le dit, en effet, expressément :

« Tout mandataire est tenu de rendre compte de sa gestion, « et il doit faire raison de tout ce qu'il a reçu en vertu de sa « procuration, quand même ce qu'il aurait reçu n'eût pas été « dû au mandant. »

Pothier considérait même cette obligation de rendre compte comme un des éléments essentiels du mandat :

« Il est de l'essence du mandat, disait-il, 1° qu'il y ait une « affaire qui soit la matière du contrat ; 2° *que le mandant et le* « *mandataire aient la volonté de s'obliger l'un envers l'autre ;*

« **le mandataire à rendre compte de l'affaire au man-**
» **dant** *et le mandant à indemniser le mandataire.* »
(Pont. *Petits contrats*, n° 1001.)

Comme contre-partie de l'article 1993, l'article 1999 oblige le mandant à :

« Rembourser au mandataire les avances et frais que
« celui-ci a faits pour l'exécution de son mandat et à lui payer
« les salaires lorsqu'il en a été promis... »

Et l'article 2000 ajoute :

« Le mandant doit aussi indemniser le mandataire des pertes
« que celui-ci a essuyées à l'occasion de sa gestion, sans
« imprudence qui lui soit imputable. »

Voilà bien les principes : est-il rien de semblable entre cette situation respective du mandataire et du mandant et celle de M. Eiffel vis-à-vis de la Compagnie? L'entrepreneur, une fois le matériel nécessaire aux ouvrages d'art fourni, celui de l'état n° 9, si l'on veut, a-t-il le droit de dire à la Compagnie, l'article 2000 à la main : J'avais reçu pour ce matériel une somme de..., cette somme n'a pas suffi, j'ai dépensé tant..., indemnisez-moi de la différence? Personne ne l'admettra, le contrat dit tout le contraire. Et dans l'hypothèse inverse? M. Eiffel trouve le moyen d'économiser sur la somme fournie ; est-ce que la Compagnie pourra lui dire : Vous devez *me faire raison*, ce sont les termes de l'article 1993, de tout ce que vous avez reçu en vertu de votre mandat? Comment pourrait-on lui tenir ce langage puisque les sommes payées l'ont été à titre de *forfait* et qu'il en avait la *libre et entière disposition?*

L'arrêt attaqué ne s'embarrasse pas pour si peu. Il affirme :

« Que ce mandat n'est pas altéré dans son essence par la « condition stipulée que les sommes versées le sont à titre « forfaitaire. »

Messieurs, mais ce forfait lui-même, au contraire, était la meilleure preuve que la convention n'avait rien de commun avec un mandat. Que fait la Cour de Paris, dans ce système, des articles que nous venons de vous rappeler : des articles 1999 et 2000, d'une part, de l'article 1993 d'autre part ?

On comprend un forfait dans un contrat à titre onéreux présentant des caractères plus ou moins aléatoires ; dans une entreprise, par exemple, et c'est précisément à propos d'un contrat de ce genre, ainsi que le faisait si justement remarquer M. le Conseiller rapporteur, que notre Code a parlé de ce forfait, dans son article 1793 placé au chapitre : « *Du louage d'ouvrage et d'industrie*, » et à la section III : *Des devis et marchés*. En ce cas, l'architecte ou l'entrepreneur qui se sera chargé à forfait de la construction d'un ouvrage, ne pourra demander aucune augmentation de prix, sous le prétexte de l'augmentation de la main-d'œuvre et des matériaux. Par contre, il aura droit, quoi qu'il advienne, et ses travaux exécutés, à tout le prix convenu. Mais quelle analogie y a-t-il entre ce marché et un mandat ? Ne voyez-vous pas, Messieurs, que c'est profondément altérer le caractère de ce contrat de mandat que d'en faire une *spéculation* où la cause des engagements respectifs des deux parties serait un bénéfice reposant sur un *aléa*, sur les chances d'une exécution plus ou moins heureuse, sur les risques inhérents à la force majeure? Dites que le mandat peut donner lieu à un salaire, qu'il n'est pas toujours absolument désintéressé de la part du mandataire; mais ne dites pas que le mandat peut être un contrat, à titre onéreux, aléatoire, où chacun cherche à gagner sur les chances de l'imprévu! Vous vous tromperiez étrangement, vous iriez frapper à la porte de l'article 1104 § 2, de l'article 1964 C. civ. et de l'article 1793 que je viens de vous citer, quand vous croiriez être au titre du mandat!

Je viens de passer ainsi en revue tous les caractères du mandat, et vous avez reconnu avec moi qu'aucun d'eux, absolument aucun, ne se rencontrait dans les conventions faites par M. Eiffel avec la Compagnie de Panama. Mais alors pourquoi et à quel titre la Cour de Paris a-t-elle pu supposer l'existence d'un pareil contrat? Pourquoi surtout, quand pas un mot n'autorise à penser que l'intention des parties ait été de stipuler un acte de ce genre, et qu'elles n'ont pas même une seule fois prononcé ce mot de mandat?

VIII

Un dernier mot, avant de conclure, pour vous montrer que nous ne sommes pas dans la situation prévue par l'article 408 C. pén.

Pourquoi cet article a-t-il compris le contrat de mandat dans son énumération? Parce que les fonds ou effets confiés à un mandataire, en vue d'un service déterminé, sont entre ses mains à titre précaire, et ne cessent pas d'appartenir au mandant, comme en cas de dépôt, au déposant. Que si, au lieu de détenir ces fonds ou ces effets pour autrui, j'en suis propriétaire, je ne suis plus mandataire. C'est le cas des espèces que je vous ai citées. Il est évident que le marchand qui avait livré des sacs de blé à un boulanger, lequel devait lui en payer le prix après la conversion en farine et en pain, n'était plus propriétaire de ces sacs de blé, il les avait vendus, et c'est avec juste raison que vous avez décidé qu'il n'y avait là ni dépôt, ni mandat (arrêt de 1820). De même, le bijoutier qui avait confié des montres à charge de les *rendre* ou *d'en restituer le prix*. Il les avait vendues conditionnellement (arrêt de 1860).

Or, ici, rappelez-vous l'article 4 du contrat. Si la Compagnie de Panama ne fournit pas à M. Eiffel le matériel des ouvrages d'art, elle lui *payera* une somme de 3 millions à FORFAIT; cette somme lui sera ACQUISE, et il en aura LA LIBRE ET ENTIÈRE DISPOSITION.

Si la Compagnie fournit une partie du matériel, on déduira ces fournitures du forfait, et *les sommes restantes* après cette déduction seront « *considérées comme des sommes forfaitaires* **acquises** *à M. Eiffel qui en* **aura la libre et entière disposition.** »

D'autre part il était dit, vous ne l'avez pas oublié : que si, dix jours après la demande de M. Eiffel, la Compagnie refusait de fournir du matériel : « M. Eiffel *serait* « *libre, sans autre avis*, de se PROCURER lui-même le ma- « tériel et les installations QUI LUI SERAIENT NÉCESSAIRES. »

Or vous savez que la Compagnie n'a rien fourni; que son directeur, mis en demeure, a répondu qu'il tenait les sommes forfaitaires *à la disposition* de M. Eiffel.

Dans ces conditions, M. Eiffel n'a donc jamais été détenteur précaire des fonds : en les recevant, il a reçu ce qui lui était dû, ce dont il pouvait disposer ; et à l'aide de ces sommes, il *s'est* procuré pour lui-même un matériel qui ne devait devenir la propriété de la Compagnie que plus tard, lors « de l'arrivée sur les chantiers ».

Comme le faisait observer encore l'honorable conseiller rapporteur, les clauses du contrat sont incontestables et incontestées ; elles sont analysées et même pour la plupart, reproduites dans l'arrêt. Eh bien, Messieurs, je demande comment, en présence de clauses aussi formelles, on a pu considérer que M. Eiffel avait reçu ces sommes à titre de mandat ! Comment on a pu dire qu'il les détenait à titre précaire, puisque partout il est stipulé et reconnu que lui seul en était propriétaire, et qu'il en avait — je voudrais bien ne pas me répéter, mais je ne trouve pas de mots qui expriment mieux ma pensée que les propres termes du contrat, — la *libre et entière disposition !*

IX

J'ai fini, et j'espère avoir tenu parole. Je vous ai montré que tout, dans le traité du 10 décembre 1887, supposait nécessairement un contrat unique : et son contexte, et son objet, et les obligations mêmes qu'avait contractées l'entrepreneur ; et que ce contrat était une entreprise, un *louage d'ouvrage.*

Je vous ai montré qu'aucun des caractères du mandat, aucun, vous entendez bien, ne se rencontrait dans ce même acte.

Il ne reste plus qu'à conclure :

Si M. Eiffel n'était qu'un entrepreneur, si la fourniture du matériel des ouvrages d'art n'était qu'une des obligations accessoires de son marché; *s'il n'y a pas eu mandat*, s'il a reçu des fonds à lui dus, et à titre de propriétaire, il n'y a plus d'application possible de l'article 408, il ne peut plus y avoir d'abus de confiance. Il ne reste qu'un compte à régler, que des questions d'intérêt privé à discuter et à trancher. On en revient ainsi à la conclusion de M. l'expert Flory, qui ne s'attendait guère, on en conviendra, à voir M. Eiffel se réclamer de son autorité. L'entrepreneur a-t-il rempli ses obligations? S'est-il procuré le matériel nécessaire pour la construction des ouvrages d'art? Quelle a été, sur l'exécution des obligations respectives des parties, l'influence d'une résiliation qui est le fait de la Compagnie, et qui s'est produite dix-huit mois environ avant le temps accordé à M. Eiffel pour l'entière exécution de ses engagements? A son tour, quelles indemnités peut réclamer l'entrepreneur pour cette rupture du contrat? Tous ces points étaient à résoudre et devaient faire l'objet d'un règlement général en fin d'entreprise. Vous n'avez pas oublié que c'est M. Eiffel qui l'a sollicité lui-même dès qu'il a pu le demander. Et tout à l'heure on vous fera connaître la solution qu'ont reçue toutes ces questions, sans exception, pouvant se poser entre les parties, quand on vous parlera de la transaction de juillet 1889, qui a doublement l'autorité de la chose jugée, d'abord parce qu'elle est une transaction (art. 2052 C. civ), ensuite parce qu'elle a été homologuée par justice.

La Cour remarquera que je n'ai pas même invoqué, dans toute cette affaire, le principe consacré par tous ses arrêts, qui veut qu'en cas de doute, on interprète les actes obscurs et ambigus dans le sens favorable au prévenu. C'est que les termes de la convention n'étaient pas susceptibles de deux sens. L'intention des parties était moins douteuse encore. Il n'était donc pas même besoin de rappeler cette règle tutélaire que vous n'hésitez jamais à appliquer.

Messieurs, la Cour de Paris s'est trompée, gravement trompée. Il faut avoir le courage de le reconnaître. A-t-elle à son insu, et bien involontairement sans doute, subi l'influence du moment? Je ne sais et n'ai pas à le rechercher. Il vous appartient de redresser les erreurs qu'elle a commises. Vous le pouvez dans votre souveraine indépendance. Tous vos précédents vous y autorisent. Vous le devez. Je vous le demande au nom de l'honneur d'une famille cruellement et injustement éprouvée; je vous le demande au nom du droit dont vous êtes les plus fidèles interprètes; je vous le demande au nom du bon sens, de la vérité, de la justice!

Paris. — Imprimerie L. Martinet, 2, rue Cassette. — 1856.

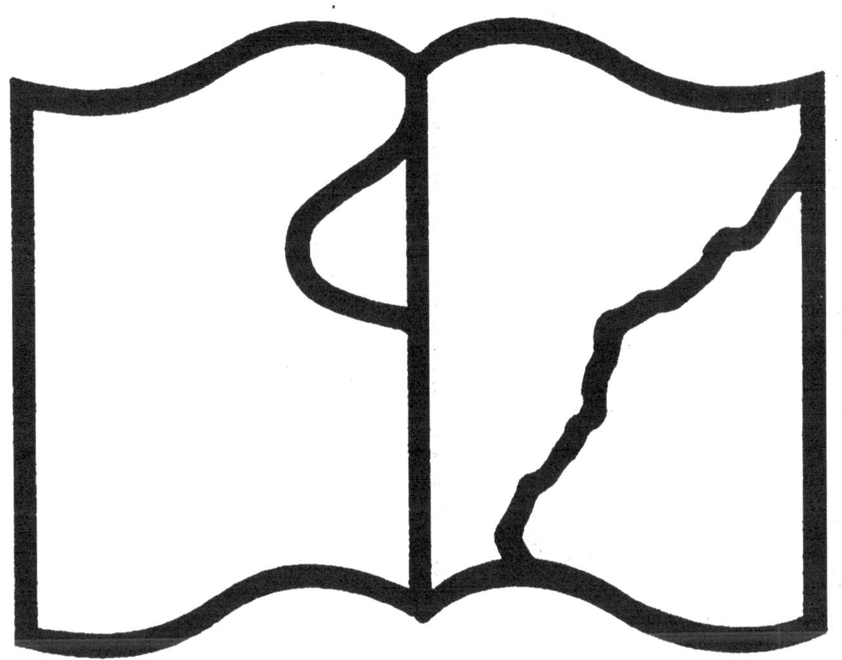

Texte détérioré — reliure défectueuse

NF Z 43-120-11

Ces 44.000 paroisses forment comme autant de grands, moyens et petits patrimoines des pauvres.

Elles ont en immense majorité une ou plusieurs confréries, soit de métier, soit de dévotion, soit de l'un et de l'autre, également pourvues de patrimoines. Dans les circonscriptions urbaines ou rurales de ces paroisses sont établies multitude de communautés d'hommes et de femmes, dont l'Assistance rayonne sous toutes les formes.

Ces paroisses, d'autre part, se rattachent en nombre plus ou moins considérable à des communes, en possession de revenus à l'usage exclusif des pauvres, destinés tant à soulager leur misère qu'à leur procurer des moyens d'existence.

Communes, paroisses, confréries, corporations, communautés religieuses des deux sexes ont, pour la plupart, des institutions d'ancienne ou nouvelle date, créées en vue d'assurer du travail et des secours.

Beaucoup de ces communes jouissent de grosses rentes, dont une portion notable est consacrée à l'assistance la plus variée.

Quantité de fondations, dues à l'initiative individuelle et collective, remplissent un rôle analogue, non seulement dans les grandes villes, mais encore dans des cités d'importance moyenne, dans les bourgs et dans les villages.

L'Assistance est essentiellement localisée comme la vie, dans l'ancienne France.

A l'intérieur et en dehors de ces communes foisonnent les habitations de la classe élevée, dont la générosité s'étend sur une échelle conforme aux traditions, aux mœurs, à la vitalité chrétienne des familles.

Les autorités provinciales de tout ordre coopèrent également, et par des dons de circonstance, et par des fondations, à l'action sociale qui se produit dans les autres milieux.

Evêques, gouverneurs, intendants, présidents au Parlement, Etats, Assemblées prennent fréquemment une part notable à ces manifestations de la vie charitable.

Les naissances, les baptêmes, les mariages de prince, les réjouissances nationales de différents caractères, les grandes solennités religieuses, les fêtes patronales, etc., sont constamment accompagnés de distributions extraordinaires de secours, de dotations pour la jeunesse des deux sexes, les infirmes, les vieillards, etc.

Communes, paroisses, couvents, corps de métier, confréries, gouvernements provinciaux rivalisent souvent de munificence à cette occasion.

Les princes du sang, dans leurs apanages, s'attachent, particulièrement vers la seconde moitié du XVIIIe siècle, à créer, à développer, et surtout à perfectionner les institutions d'Assistance. A l'instar des souverains, ils prodiguent les bienfaits dans leurs voyages et leurs déplacements de villégiature, de chasse, etc.

Epidémies, disettes, calamités quelconques sont invariablement l'objet de largesses. Les actes de dévouement insigne, de probité extraordinaire, de vertu, de mérite, de courage hors ligne, signalés constamment à leur attention, trouvent toujours des récompenses qui dépassent de beaucoup ce qu'on pouvait en attendre.

Il arrive même souvent que les récompenses se transforment en institutions, par des revenus affectés aux personnes qui auront renouvelé ces actes si hautement approuvés. C'est l'encouragement au bien érigé en principe d'action sociale.

L'Assistance publique, dans l'ancienne France, représentait exclusivement la participation du pouvoir central à l'œuvre des groupements de secours mutuels ou de pure charité qui pullulaient, dans le sens le plus absolu du mot.

Sous l'action sans cesse croissante des Capétiens, elle avait pris le caractère d'une institution nationale. Mais, tout en étendant systématiquement sur les établissements hospitaliers l'ingérence administrative des représentants du souverain, elle ne portait en aucune façon le cachet d'un monopole.

Elle rayonnait sans absorber; elle fonctionnait d'une extrémité à l'autre du pays sans s'imposer ni accaparer.

Elle ne pouvait même pas être considérée comme le pivot de l'Assistance nationale.

Les *ateliers de charité*, comme les bureaux compris sous cette dénomination, fondés par l'initiative individuelle ou collective, restent en pleine jouissance de leur autonomie, alors même que le gouvernement leur prête un concours puissant en fait de privilèges, et surtout d'argent.

En résumé, l'Assistance publique dans la vieille France, au lieu de former un organisme dont l'Etat est le grand moteur, représente un système planétaire s'équilibrant avec cent autres.

C'est l'harmonie de la pluralité des mondes, dans l'unité de la socialisation très chrétienne.

LA GENÈSE DE L'ASSISTANCE

Le deuxième Concile de Tours, tenu en 567, avait inauguré l'assistance communale par les stipulations suivantes : « Que chaque cité nourrisse d'aliments convenables les pauvres qui y sont domiciliés, suivant l'étendue de ses ressources ; que les prêtres et les autres citoyens y contribuent, afin que les pauvres ne se rendent pas dans les autres localités. »

La famille communale se greffe ainsi sur la famille chrétienne ; elle s'épanouit comme elle dans des institutions qui forment le nœud vital de l'Assistance publique.

Charlemagne semble se borner à codifier les coutumes dérivées de la législation chrétienne dans ses Capitulaires qui présentent un ensemble de prescriptions tendant à l'organisation d'une Assistance publique prenant un caractère général.

Ainsi, pour venir en aide aux classes laborieuses de la campagne et des villes, dans les mauvaises années, il tarife le prix des grains ; il empêche les spéculateurs d'accaparer les navires en établissant une moyenne d'approvisionnement en rapport avec les chiffres de la population ; il décide que les produits de consommation seront vendus dans ses domaines au-dessous du cours normal fixé par les édits. Le muid ou boisseau d'avoine est taxé à un *denier* ; le boisseau d'orge à deux, celui de seigle à trois, celui de froment à quatre. « Mais, dit le Capitulaire donné au Synode de Francfort, 794, si on préfère vendre sous forme de pain, on donnera pour un denier douze pains de froment pesant chacun deux livres, ou pour le même prix et en pain du même poids quinze pains de seigle ou vingt pains d'orge.

« Quant aux récoltes royales, si elles sont mises en vente, on remettra pour un denier deux boisseaux d'avoine ou un boisseau d'orge, pour deux deniers un boisseau de seigle, et pour trois deniers un boisseau de froment. *Celui qui tient de nous un bénéfice doit prendre garde, selon ses facultés et avec l'aide de Dieu, que les gens de condition serve soient à l'abri de la faim*, et que la partie de récoltes qui dépasse les besoins de sa famille soit vendue librement au prix établi. »

A l'occasion d'une cruelle disette, en 805, Charlemagne ordonne aux représentants supérieurs de son pouvoir une distribution générale de secours ; il exige, en outre, que les grains soient vendus à un taux modéré ; il en défend l'exportation : « Que, devant les tribunaux, on ne méprise pas les réclamations... *des veuves, des orphelins et des pauvres ;* qu'au contraire, on prenne soin de s'occuper aussitôt de leurs affaires. »

Il commande aux seigneurs, ou plutôt à chacun de ses féaux, « *de nourrir leurs pauvres sur le revenu de leurs bénéfices ou de leur patrimoine*, et de les empêcher de se livrer au vagabondage. »

Charlemagne, dans son plan gouvernemental d'Assistance publique, comprend :

1° Les hôpitaux ; 2° les refuges ; 3° les secours de toute nature ; 4° le prélèvement régulier des revenus ou du bénéfice ; 5° la tarification des denrées ; 6° l'enseignement primaire gratuit de tous les enfants pauvres, à la ville comme à la campagne.

La paroisse, l'évêché ou le monastère forment chacun de leur côté une sorte de siège social syndical de tout le gouvernement pourvoyeur de la faiblesse, de l'indigence, de la maladie, de l'infortune, des infirmités, etc.

∴

Louis IX établit un principe permanent et régulier d'Assistance publique par le pouvoir suprême dans ses lettres d'octobre 1260, réglant les aumônes qui doivent être faites annuellement. Cette aumône est déjà traditionnelle, mais elle n'a pas un chiffre déterminé. Saint Louis l'a fixé à 2.019 livres parisis, soit trente mille livres.

En outre, soixante-trois muids de blé et soixante-huit milliers de harengs doivent être distribués aux pauvres dans les monastères et autres lieux de dévotion.

Dans le cours de son règne Louis IX avait comblé de bienfaits l'Hôtel-Dieu de Paris. Fontainebleau, Pontoise, Compiègne, Vernon et d'autres villes de la France capétienne s'étaient, grâce à ses libéralités, trouvées en mesure de bâtir des hôpitaux. Saint Louis, non content de fonder les Quinze-Vingts pour les aveugles, entretient dans le voisinage de ses résidences un contingent de pauvres incapables de gagner leur vie. Les commissaires enquêteurs qui parcourent en son nom les différentes provinces du royaume sont chargés de dresser dans chaque paroisse un rôle « des laboureurs indigents et infirmes. » Ces listes sont transmises au roi qui pourvoit à la subsistance régulière des individus signalés.

« Quand aucuns de ses familiers, dit Joinville, murmuraient de ce qu'ils faisaient si grands dons et aumônes et disaient qu'ils y dépensaient moult, le roi répondait qu'il aimait mieux faire grandes dépenses en aumônes que en bombances et vanités.

« Aie le cœur doux et piteux aux pauvres, disait-il à Philippe le Hardi dans la sublime instruction dictée sur son lit de mort, et les conforte et aide en ce que tu pourras. »

Louis IX fit à toutes les institutions d'assistance établies à cette époque des legs dont le total est évalué à plusieurs millions.

C'était l'exécution initiale de tout un programme d'assistance pour le pouvoir public. Ce prince — le plus saint roi, comme dit Bossuet, qu'on ait vu parmi les chrétiens — publia sous le titre de *Jugement d'Oléron* un code maritime de protection spéciale, dont l'article 30 entre autres stipulait que les épaves des naufrages restés en déshérence devaient être vendues pour que l'argent provenant « d'icelles fût distribué *aux pauvres, à la dotation des pauvres filles et aux autres œuvres pitoyables* selon raison et conscience. »

Hôtels-Dieu.

L'administration des grands établissements hospitaliers confiée presque exclusivement aux Ordres religieux, aux membres du clergé seuls, passe généralement entre les mains des laïques dans le courant du XIVe siècle. Le Concile de Vienne se prononce en faveur de cette transformation. Le Concile de Trente l'approuve et en fait même l'objet d'une stipulation rigoureuse.

François Ier et Henri II, entrant dans cette voie, décident que les administrateurs des hôpitaux « ne seront ni ecclésiastiques, ni nobles, ni fonctionnaires, mais marchands, simples bourgeois, économes, instruits des affaires. » Leur nomination était attribuée aux fondateurs. Quand les fondateurs n'étaient pas connus, les établissements revenaient au domaine royal. Ils ressortissaient alors à la grande aumônerie, mais n'en gardaient pas moins une autonomie complète pour la gestion de leurs affaires.

L'ordonnance du 12 décembre 1698 avait réglé l'administration ou, selon la formule, la police des hôpitaux d'institution publique.

Aux termes de cette ordonnance, chacun de ces hôpitaux doit avoir un *bureau ordinaire de direction* composé du premier officier de la justice du lieu, en son absence de celui qui le représente, du procureur du roi en siège ou du seigneur, du maire du lieu, des échevins, consuls ou autres ayant pareille fonction, et du curé. S'il y a plusieurs paroisses, les curés sont appelés à y entrer chacun pendant un an et tour à tour, à commencer par le plus ancien.

De plus, de trois en trois ans, on choisit dans les assemblées générales les représentants des divers groupements locaux. Le bureau est tenu de s'assembler une fois la semaine. Le trésorier ou receveur est nommé tous les trois ans par la direction.

En 1693, une ordonnance étend ce régime à toutes les maladreries, léproseries et autres lieux pieux dépendant de Notre-Dame du Mont-Carmel et de Saint-Lazare, ainsi qu'aux autres hôpitaux militaires.

Les établissements hospitaliers qui ne dépendent pas exclusivement de la juridiction centrale sont soumis à la surveillance des pouvoirs locaux. Elle est essentiellement municipale et corporative dans l'acception synthétique du mot. L'autorité royale n'exerce qu'un droit de contrôle.

L'hospice se distingue de l'hôpital en ce qu'il sert à secourir les pauvres d'un quartier ou de telle catégorie. La France urbaine et rurale surabonde en fondations de ce genre. Elles fournissent les étapes des pèlerins, des pauvres, des artisans sur toutes les routes de grande et moyenne communication. C'est l'auberge de tout passant besogneux.

Le droit à l'asile sur toute l'étendue du pays est une institution nationale, partie intégrante du patrimoine.

L'Aumône générale de Lyon.

La grande initiatrice de l'Assistance, c'est l'Eglise. Dès qu'elle s'est acquis dans notre pays une situation prépondérante, elle dirige les plus vigoureux efforts sur la fondation d'établissements hospitaliers destinés à recueillir tous les déshérités de la vie. *Hôtel-Dieu*, *Maison-Dieu*, *Aumône*, *Charité*, *Miséricorde* se multiplièrent sous l'énergique impulsion des évêques et des chefs de communautés.

L'organisation intérieure laisse trop souvent à désirer. Les services sont confondus. Beaucoup de ces Maisons-Dieu semblent ne former que des caravansérails de la charité. La persévérance, le temps et la législation finissent par amener une solution non moins nécessaire au point de vue moral que sous le rapport physique.

On peut suivre, en quelque sorte, étape par étape, les progrès réalisés à cet égard dans l'histoire de l'*Aumône générale* de Lyon. Cette institution caractérise par son ensemble l'Assistance publique dans son plus complet essor local. C'est au milieu du XVI° siècle que, déjà vieille de 800 ans, elle atteint son apogée.

Les receveurs de l'*Aumône générale* publient « une économie générale de l'institution qui en donne l'idée la plus avantageuse. Les Recteurs au nombre de seize représentent le clergé, la magistrature, la bourgeoisie, le commerce et les métiers. Chacun d'eux, élu en assemblée générale, se charge de fonctions exclusivement en rapport avec sa compétence professionnelle. Au-dessous d'eux se trouve le *receveur ecclésiastique* qui préside le bureau qui recueille les voix et les opinions pour les choses à délibérer », mais dont le vote ne compte que pour un.

L'Aumône générale a son officier *de justice*, son avocat, son intendant des bâtiments, son trésorier général, son ordonnateur de l'achat, de la vente et de la répartition des bleds, ses distributeurs de secours en nature ou en espèces.

L'aumône en pain et en argent se fait tous les dimanches à six heures du matin, de Pâques à la Toussaint ; à sept heures, de la Toussaint jusqu'à Pâques. Les receveurs sont obligés de procéder en personne à l'opération. Chaque pauvre est secouru proportionnellement au besoin qu'on lui connaît.

Les capitaines de quartiers dressent pour tous ceux qui sont dans la misère des rôles qui sont portés au grand bureau. Le conseil des receveurs dépouille et dresse la liste à bon escient.

Les personnes tombées d'une situation prospère dans la misère sont également l'objet de la sollicitude des receveurs. Elle est essentiellement discrète et délicate, soit dans les informations, soit dans la transmission des secours. Elle est en même temps pleine de munificence. D'après le livre de l'*Aumône générale* ces secours se montent annuellement à une grande somme d'argent.

Tous les trois mois, les receveurs exécutent la révision de la liste générale de leur clientèle à la suite d'investigations personnelles. Tous les lundis, séance de bureau pour les affaires courantes ; « afin qu'aucun pauvre ne pâtisse, on pourvoit aussitôt à toutes les demandes faites régulièrement. »

Les pauvres étrangers, de passage à Lyon, ne sont pas oubliés. Ils ont leur logis assuré pour un certain nombre de journées. Les recteurs s'enquièrent par des délégués spéciaux du mouvement de la population flottante, le contingent moyen en est compté.

Les refuges qui leur sont destinés sont visités par des représentants de l'*Aumône* chargés de distribuer des secours en nature ou en argent. L'*Aumône* pourvoit à leur rapatriement s'ils le demandent.

∴

Il y a toute une organisation spéciale pour l'assistance donnée aux veuves, aux femmes chargées d'enfants, aux orphelins. Les filles adoptives de l'Aumône ont une résidence spéciale à Sainte-Catherine. A leur tête se trouve une femme d'âge compétent, « de bonne vie et mœurs, bien famée, qui les instruise et les élève à toutes sortes de vertus et leur apprenne ce qui est propre à ce sexe, afin que *par leur labeur* se puisse retirer quelqu'une qui serve à leur entretien et nourriture. »

On leur fournit leur trousseau. On leur donne une petite dot pour se marier et s'établir.

C'est d'autre part à Saint-Martin de la Chanal que se trouvent les enfants adoptifs de l'Aumône entourés des soins les plus touchants pour leur éducation chrétienne, leur instruction professionnelle, leur conduite dans la vie, leur connaissance d'un métier et le choix d'une carrière.

∴

L'Aumône a ses manufactures. Un receveur se charge de pourvoir à leur fonctionnement. Elles sont destinées, dit le règlement, « à procurer aux pauvres des travaux pour les empêcher d'être à charge à eux-mêmes et aux autres. »

Détail digne d'attention, le receveur est tenu « de débattre les prix avec ceux qui donnent l'ouvrage au plus grand avantage qu'il peut pour les pauvres », afin que, en aucune façon, les pauvres ne soient frustrés de leur travail.

Le receveur contrôle les livraisons. Les travaux consistent dans le tissage de la soie. Dès que les enfants manifestent des aptitudes pour le métier, on les met en apprentissage.

Le quart de la main-d'œuvre est laissé aux pauvres nourris, logés, chaussés, entretenus par l'hôpital.

En quoi consiste la nourriture ?

Trois quarts de livre de viande par jour, soupe matin et soir, ration de vin : tel est l'ordinaire pour les pensionnaires en bonne santé.

Malades, petits enfants et vieillards, femmes en couches, mères allaitant ont un régime spécial.

Dès le matin à sept heures ou huit heures, bouillon. Un verre de vin par personne, mouton ou veau, au choix, pain blanc « du meilleur froment » forment le menu des autres repas. Le maigre est interdit d'après les prescriptions du médecin.

Tous les instruments de travaux professionnels pour les deux sexes sont fournis par l'établissement.

Un magasinier général est chargé de les conserver et de les livrer.

Le service vestimentaire est confié à un drapier *Maître général de la garde-côte.*

Le costume est pour les hommes en serge l'été, en drap l'hiver. Il est de diverses nuances pour les femmes et les jeunes filles.

Veut-on avoir un aperçu des bâtiments de l'Aumône générale ?

Le centre, formé de quatre grandes constructions parallèles, possède une cour commune.

A l'entrée, droite et gauche, pavillon contenant les archives, les bureaux, la salle des Pas-Perdus, les magasins d'habillement. Construction latérale de droite, dortoirs pour hommes, dortoirs pour enfants. A gauche dortoirs pour femmes et filles.

Le carré opposé à l'entrée, panneterie, cuisines, réfectoires de femmes, — logement des employés, réfectoires d'hommes.

L'aménagement adopté pour la construction principale se renouvelle dans tous les autres bâtiments agglomérés, on y compte huit cours flanquées chacune de quatre corps de bâtiment.

L'église ouverte au public est sur la gauche de l'édifice, les servitudes sont sur la droite.

En résumé, superbe monument, admirablement approprié à sa destination.

Le livre dont nous parlons conclut en ces termes : « Il faut avouer que les Lyonnais sont le peuple du monde que la charité, la vertu des anges, a trouvé plus capable de son empire et que c'est la ville de Lyon qu'elle a choisie pour régner sur la terre. »

Eloge absolument mérité.

La taxe obligatoire des pauvres au XVIe siècle.

Henri II, dans son ordonnance du 13 février 1551, enregistrée le 26 du même mois au Parlement, stipule « que les commis et députés de la cour du Parlement qui ont prêté serment doivent faire le plus diligemment possible inquisition et recherche pour savoir de chacun habitant d'icelle notre dite ville et faubourgs de Paris ce que libéralement il voudra donner et aumôner par chacune semaine pour aider à la nourriture et entretien des dits pauvres — et que de leurs offres, refus et rapports, il soit fait rôle en chacune paroisse. Lesquels rôles contenant les dites offres soient incontinent portés par devant notre dite cour du Parlement pour iceux être procédé par eux ou par ceux qu'elle commettra en cet endroit à *taxer* chacun habitant de notre dite ville de Paris et faubourgs d'icelle à une somme de deniers par chacune semaine au regard de leurs offres et facultés ainsi qu'il appartiendra de raison.

« Et voulons que chacun habitant en quelque qualité que soit qui aura refusé de payer la taxe à laquelle il aura été coté et imposé par la dite cour ou ses commis et députés soit exécuté et contraint de payer sa dite taxe. »

Le 15 août 1561, Charles IX rend un édit établissant l'organisation générale de l'Assistance.

Il *impose* une taxe déclarée obligatoire à tous ceux qui tiennent charges, fonctions, bénéfices du roi. L'article 73 de l'ordonnance de 1566 stipule que *les pauvres de chacune ville bourg et village doivent être nourris et entretenus* par ceux des dites villes, bourgs et villages dont ils sont natifs et habitants.

Et à ces fins seront les habitants tenus de contribuer à la nourriture des dits pauvres selon leurs facultés, à la diligence des maires, échevins, conseillers et marguilliers.

ASSISTANCE PAROISSIALE SAINT-SULPICE

1777-1778

(B. N. Pièces relatives aux pauvres de Saint-Sulpice. R. 1502.)

Le supplément à l'ordre d'administration établi pour le soulagement du pauvre porte au début : Tout ce que nous avons établi dans la paroisse pour le soulagement des pauvres ayant réussi au delà de nos espérances, nous ne pouvons que féliciter ceux qui l'habitent d'avoir donné à la capitale et à tout le royaume l'exemple le plus utile et le plus capable de remuer les cœurs....... Avec quel zèle les personnes de tous les états ne se sont-elles pas employées au soulagement des pauvres! L'ordre d'administration a été suivi avec une facilité qui paraîtrait incroyable si la preuve n'en était manifeste. Les informations ont été faites avec soin : les bureaux d'assemblée tenus régulièrement suivant la forme prescrite ont été nombreux et composés de ce qu'il y a de plus distingué. Nous ne saurions dépeindre l'intérêt avec lequel les Dames de charité sont entrées dans le détail des misères des pauvres. Jamais la charité ne s'est montrée d'une manière plus touchante et plus efficace. Les pauvres ont été secourus abondamment, consolés dans leurs maux et visités par des personnes du plus haut rang. »

Voilà des constatations qui, en raison même de leur date, suffiraient pour démontrer que la classe élevée était loin, au cœur même de Paris, d'être démoralisée, pervertie et déchue de son rôle social comme le prétendent les apologistes de la Révolution.

Le rapport ajoute : « De tels succès ne doivent-ils pas faire espérer que nous parviendrons enfin à ne laisser aucune famille dans l'indigence? »

Dépenses depuis le premier octobre 1777 jusqu'au premier octobre 1778.

	l.	s.	d.
136 layettes.	952		
Lait et farine pour 200 enfants.	3.150		
Mois de nourrices de 43 enfants	1.532	8	
14 écoles gratuites de garçons ou de filles, maitres, maitresses et entretien	6.019	16	9
Apprentissage de métiers	1.500		
Pain des apprentis et apprenties.	5.870		
Habillements de 30 garçons et 48 filles	1.404		
Habillements de 180 personnes, tant hommes que femmes.	3.240		
555 chemises et autres linges pour les pauvres	2.421		
351 lits et couvertures.	3.849	8	3
Bois distribué pendant l'hiver.	3.152		
Petites pensions par mois à 270 personnes de l'un ou de l'autre sexe, âgées ou infirmes.	15.890		

Secours extraordinaires, donnés pour relever de pauvres familles, rétablir leur commerce et, en général, pour le soulagement des pauvres honteux. 57.367

« Les dépenses pour les malades, qui sont habituellement au nombre environ de 100, montent tous les ans à plus de 30.000 livres.

De plus nous avons donné, pendant l'hiver dernier, 126.000 livres de pain à 6 liards la livre et 360 rouets à filer du lin et du chanvre.

Nous ne parlons pas des avances considérables que nous avons déjà faites pour les nouvelles institutions dont la dépense continue toujours. »

Etablissements formés pour faire subsister les pauvres.

« Le travail est la sauvegarde des mœurs, de la religion même, de toutes les vertus et, par conséquent, du bonheur de la société : la tempérance et l'économie l'accompagnent, l'abondance le suit et, à l'exception des infirmes ou vieillards qui doivent être largement secourus, s'il est des mendiants de profession, ils ne se forment que dans l'oisiveté, ainsi que les prodigues et les dissipateurs. Voilà pourquoi nous avons formé les établissements dont nous faisons ici l'énumération et dont l'objet, étant d'assujétir les pauvres au travail, remplira notre ministère à son égard. »

ARTICLE I. — *La filature du lin et du chanvre.*

« Ce genre de travail vaut tous les ans environ vingt mille livres au profit des pauvres dans l'étendue de la paroisse. »

ARTICLE II. — *La broderie.*

« Le travail des brodeuses a produit cette année 4.300 livres. »

ARTICLE III. — *La couture en linge.*

« Les couturières ont gagné cette année 5.000 livres. »

ARTICLE IV. — *Travail pour les hommes.*

« M. le Lieutenant de police a donné ordre à un inspecteur d'occuper à la propreté des rues et autres ouvrages nécessaires, les hommes adressés par la paroisse, à la charge de leur payer 14 sols par jour. »

ARTICLE V. — *Etablissements pour les enfants de l'un et de l'autre sexe.*

« Nous avons quatre maisons, deux pour les garçons et deux pour les filles, propres à rassembler tous les enfants de la paroisse que les parents sont hors d'état de nourrir et d'élever. »

ARTICLE VI. — *Le prêt gratuit et le pain de charité.*

« Nous avons supprimé le pain fait exprès pour les pauvres et leur donnons au prix de six liards la livre du pain blanc à choisir chez huit boulangers différents. Nous avons établi le prêt absolument gratuit ; un fonds de 12.000 livres que nous y avons destiné équivaut à plus de 40.000 livres données en aumônes et se conserve toujours. »

ARTICLE VII. — *L'hospice de charité à Notre-Dame de Liesse, près de l'Enfant-Jésus, rue de Sève.*

« Nous avons un hospice de charité qui sera comme l'infirmerie de la paroisse : les pauvres qui ne peuvent être soignés chez eux et vraiment sans asile, eu égard à leur état de maladie, y sont seuls reçus. — Ils sont au nombre de cent vingt, soixante hommes et soixante femmes. »

TESTAMENTS

On a dit que l'esprit chrétien disparaissait presque exclusivement des classes élevées à la fin du XVIIIe siècle. Les testaments de cette époque, dont l'exhumation se rattache à la reconstitution de l'histoire, montrent, dans une foule de cas, le contraire de cette assertion. M. Combier, l'auteur d'une très intéressante monographie intitulée : *Testaments du XVIIIe siècle,* dans le bailliage de Vermandois, s'exprime, au début de son étude, en ces termes : « Les plus hauts comme les plus humbles des testateurs paraissent obéir à l'esprit de charité qui conduisait à la constitution d'un patrimoine pour l'Eglise et pour les pauvres, et à l'esprit de famille qui dictait les mesures propres à sa perpétuité. Le tiers-état maintenait la perpétuité de la famille par la réserve du naissant, et la noblesse par le droit d'aînesse. La faculté de tester était entière. L'article 1er de l'Ordonnance de 1747 avait permis à tout le monde la substitution. »

A un point de vue général, testateurs grands et petits ont un objet capital de préoccupation : c'est leur salut. Le service funèbre, les messes, le paiement des dettes. On donne aux églises, aux prêtres, aux chapitres, aux pauvres, aux hospices, aux Frères, aux écoles chrétiennes.

En 1772, l'archidiacre Tirplon de Laon assure 50 livres annuelles à apprendre un métier à un ou deux enfants. Claude Marq, procureur fiscal du comté d'Urmainvilliers, consacre une rente de 50 livres pour faire apprendre un métier à un orphelin de père et de mère. Un autre lègue de quoi faire habiller vingt pauvres. L'Evêque de Rochechouart lègue une somme considérable pour les familles honnêtes tombées dans l'indigence. On s'occupe également beaucoup de serviteurs qui reçoivent généralement des legs, rentes, sommes, mobiliers, habitations.

Que sont devenus tous ces legs faits en faveur de pauvres gens à l'approche de la Révolution?

Beaucoup de ménages sans enfants lèguent aux survivants par bonne affection et bonne intelligence.

En 1743, François Bidal, seigneur d'Atfeld, léguait 10.000 livres à son secrétaire, 800 livres à son écuyer et à son maître-d'hôtel, 600 livres pour ses laquais, 200 livres à son frotteur, 200 livres à chacun de ses autres domestiques, cochers, palefreniers, etc., en tout, 23 serviteurs.

LES ASSEMBLÉES DE CHARITÉ

Les secours d'ordre général ou local sont administrés sur toute l'étendue du pays par des assemblées de charité, des trésoriers, des receveurs. Ces assemblées s'occupent de tout ce qui regarde l'aumône, de l'administration de la charité dans une paroisse, du soulagement des pauvres malades, de la répartition des aumônes, etc. Il y a des assemblées ordinaires et des assemblées générales. Elles se tiennent, les unes et les autres, dans les presbytères, sous la présidence du curé. Elles sont composées du curé, du juge, du procureur fiscal quand il réside dans la commune, des notables de la ville, des représentants du commerce, de l'industrie, des arts et métiers, d'un certain nombre de dames.

La séance s'ouvre par la lecture du procès-verbal, suivie de l'examen du dossier des pauvres. — De là, on prend les décisions concernant la distribution des secours en espèces ou en nature.

Dans les grandes paroisses, il y a le plus souvent des assemblées mixtes d'hommes et de femmes. Dans les paroisses secondaires, les groupements sont ordinairement mixtes. Dans beaucoup de villes et de bourgs, on rencontre deux catégories de compagnie de charité : l'une composée d'hommes s'occupant de la gestion du bien des pauvres; l'autre, exclusivement formée par des dames, chargée de pourvoir à la distribution des secours en argent ou en nature. Le trésorier et le receveur sont communs aux deux genres de groupements. Ailleurs, le soin des pauvres appartient au clergé secondé par des réunions de dames. Dans d'autres paroisses, le curé remplit les fonctions de trésorier des pauvres. Les communautés religieuses sont chargées, dans un certain nombre de grandes villes, des intérêts des indigents de telle ou telle paroisse.

Sur d'autres points du pays, les biens et revenus des paroisses sont régis et administrés par la fabrique et les notables de la paroisse. Les secours sont rigoureusement circonscrits à sa population indigente. Ils ne peuvent sortir de la famille du sanctuaire sous peine de l'admonestation entraînant l'expulsion.

La réglementation des assemblées de charité, toujours localisée dans les détails, offre des analogies d'ensemble. Les distributions doivent être faites plutôt en nature qu'en argent, si ce n'est dans le cas où il s'agit du relèvement de commerçant ou d'autre personne dont les affaires peuvent être, par ce moyen, promptement relevées. Les secours en espèces ont une destination absolument spécifique dont le changement est interdit de la façon la plus formelle.

Les distributions s'opèrent dans la plupart des cas par billets ou mandements contenant le nom, l'adresse et la condition des assistés.

UNE PROTESTATION CONCLUANTE

Réclamation motivée en faveur de la conservation distincte des revenus des aumônes fondés appartenant aux pauvres de chacune des paroisses de Paris.

B. Carnavalet. I[e]. II. 944. P. 39.

« Au moment où l'on établit les commissions, il existait pour la paroisse Saint-Germain l'Auxerrois des compagnies de charité ; des revenus fondés leur étaient attribués. Les aumônes s'administraient avec une sagesse à laquelle la commission municipale ne tarda à rendre justice et ne donna confiance que parce qu'elle n'en connaissait pas encore les détails. Les pauvres étaient habitués depuis longtemps à recevoir au besoin tous les secours qui pouvaient leur devenir nécessaires.

Le mari fidèle n'avait pas à déplorer la fécondité d'une femme aussi malheureuse que lui ; ils étaient au moins certains de trouver pour leur famille un supplément de pain que le travail le plus assidu ne pouvait leur fournir à tous.

On ne laissait pas à l'enfant nouveau-né le temps de sentir déjà la misère de ses parents ; enveloppé des langes de la charité, il se trouvait encore pourvu pendant sa première année du lait que ne pouvait toujours lui présenter une mère desséchée par défaut de nourriture, par les travaux et par les autres peines de la pauvreté.

L'infirme voyait réparer par des secours, qui ne devenaient assidus que parce qu'ils étaient indispensables, l'espèce d'ingratitude de la nature envers lui.

La vieillesse n'avait pas à redouter l'épuisement de ses forces ; elle se reposait tranquillement sur les aumônes qui ne lui ont jamais manqué ; une assistance régulièrement apportée venait au-devant de sa faiblesse et fournissait un soutien à son âge décrépit.

Tel était l'état des pauvres de la paroisse Saint-Germain ; telle était la conduite des compagnies qui s'étaient librement consacrées à les secourir. »

TABLEAU DE L'HUMANITÉ

Compagnie pour le rétablissement des pauvres honteux valides de la paroisse Saint-Eustache, et dite des quinze jours, fondée en 1786.

Les personnes qui sont l'objet de cette charité sont :

1° Les artisans pauvres, mais de bonnes mœurs, qui, faute de la matière nécessaire à leur art, ne peuvent, malgré le désir qu'ils en auraient, ni servir le public ni se soutenir eux-mêmes ;

2° Les marchands qui ont une extrême peine de découvrir l'état misérable où ils se trouvent réduits, qui, également accablés de leurs propres dettes et de celles de leurs créanciers, voient leur commerce pencher de plus en plus vers sa ruine ;

3° Les familles qui, s'étant vues dans un état florissant, sont réduites, le père, la mère, les enfants, à la plus affreuse détresse, et qui n'ont ni le courage de faire connaître leur état, ni le moyen de le réparer, etc.

Entre les pauvres honteux valides, les marchands et les artisans sont toujours préférés.

L'Assistance ne va pas ordinairement au delà de 50 livres.

L'Assistance consiste à donner ce qui est nécessaire pour travailler : au cordonnier, du cuir ; à un charpentier, du bois ; à un tailleur, des fournitures.

La Compagnie aide les marchands pour les apports.

Elle assure un grand nombre de pauvres femmes qui gagnent leur vie par diverses industries : couturières en petit linge, fruitières, blanchisseuses, revendeuses.

Dans la même paroisse se trouve la Compagnie de *Bon-Secours* qui s'occupe également des marchands et des artisans, en vue du rétablissement de leurs affaires.

LE PATRIMOINE D'UN HOPITAL

Quelle est en 1789 la situation financière de l'Hôtel-Dieu de Paris ?

Les ressources sont de trois sortes :

1° Biens de ville et de campagne. 2° Droits divers. 3° Revenus casuels.

Le produit des biens de ville et de campagne forme un revenu de 120.150 livres, moyenne ordinaire. Les droits divers et d'octroi présentent un total de 126.150 livres, les droits sur les spectacles de 128.615 livres, ensemble 515.650 livrés. Les *Casuels*, qui donnent en moyenne 113.213 livres, se sont élevés en 1789 à 611.650 livres.

Le total des ressources pour l'année commune atteint 1.158.675 livres. Au cours actuel plus de 3.000.000 de francs.

Ajoutons qu'au commencement de 1789 une indemnité fut accordée à l'Hôtel-Dieu pour la suppression de la franchise dont il jouissait exclusivement des droits d'entrée. Cette indemnité se monta à 261.811 livres.

La dépense générale de l'établissement se trouve fixée, année moyenne, à 1.312.856 livres.

Veut-on savoir quel est le nombre des journées de maladies annuel? 2.431. L'année commune de la dépense divisée par le nombre commun des journées donne pour prix de la journée commune du malade 1 livre 10 sous 3 deniers.

∴

A cette époque, on s'occupe vivement de l'agrandissement de l'Hôtel-Dieu considéré comme absolument insuffisant. Une souscription ouverte dans ce but donne au bout de quelques jours plus de 3 millions de livres.

L'architecte Poyer, qui, dès 1787, avait dressé le plan d'une transformation complète, en arrive à proposer, par suite du succès de la souscription, la translation de l'Hôtel-Dieu dans l'île des Cygnes.

Voici quelques chiffres propres à donner une idée du mouvement qui se produisit sur ce point.

Souscription pour l'agrandissement de l'Hôtel-Dieu :

Première liste, 1er janvier 1789.

Société du Salon des arts	12.000	livres.
Fermiers généraux	16.000	»
Receveurs généraux.	150.000	»
Duc de Praslin	12.000	»
Girardot de Hallin.	30.000	»
Magnon de la Ballue.	24.000	»

Toutes les associations chrétiennes assurent leur concours. En huit jours, on a un apport de 1.500.000 livres.

L'archevêque de Paris	30.000	livres.
Le prince de Condé	30.000	»
Le Coulteux	36.000	»
De Biré, trésorier général.	25.000	»
De Sevilly	25.000	»
Fermiers généraux	204.000	»
Receveurs généraux	150.000	»
Fermiers des postes.	60.000	»
Duc de Montmorency	12.000	»
Saint-Julien, receveur du clergé.	14.000	»
17 personnes charitables	12.000	»
Merciers	36.000	»
Tailleurs et fripiers	30.000	»
Marchands de vin.	14.000	»

La seconde souscription close le 21 mars donna 305.635 liv.
La troisième liste fermée le 21 août, 1.051.896 livres.

Il est heureux pour la nation, dit le « Journal de Paris », qu'on se soit avisé d'un pareil essai.

La souscription fut, en somme, couronnée d'un plein succès.

Les bouleversements politiques empêchèrent l'agrandissement projeté. La Révolution gaspilla les sommes recueillies et compléta son œuvre en dépouillant l'Hôtel-Dieu de son magnifique patrimoine.

UN PLAN D'ASSISTANCE LOCALE

En 1788, la comtesse de Vic, sœur du lieutenant général civil, alors maire de Vendôme, lègue une somme de 6.000 livres et ses diamants aux pauvres de la paroisse Saint-Martin. Le curé, d'accord avec l'administration, décide la création d'un *bureau de charité*. Le bureau, très rapidement organisé, fonctionne dans les meilleures conditions. M. Gilbert de Sarrazin, capitaine au régiment de Noailles, que son mariage avec Mlle Gallois de Bezun, d'une vieille famille d'Auvergne, avait amené à s'établir à Vendôme, frappé des excellents résultats de la nouvelle institution, dresse un plan d'ensemble pour la reconstitution de l'Assistance locale.

La ville compte alors 6.500 habitants et 1.200 indigents, tous domiciliés ; un grand nombre d'entre eux trouvent des travaux dans la saison d'été. Il n'y a que 100 vieillards ou infirmes incapables de gagner leur vie. L'Oratoire en nourrit 80, le couvent des Ursulines 10, le Calvaire autant. M. Jorre « dont le nom mérite tant de bénédictions » occupe cent personnes à ses manufactures de coton.

Quelles sont les ressources que M. de Sarrazin croit pouvoir trouver dans les institutions établies ou chez les particuliers pour arriver à la réalisation de son projet ?

Ce sont d'abord des distributions de pain faites par les Bénédictins depuis *les Rois* jusqu'à *Pâques*, évaluées à cent sestiers de blé.

400 livres offertes par les Ursulines pour les femmes en couches.

200 livres données par les membres du Chapitre en dehors de leurs ressources personnelles.

600 livres venant de l'Oratoire qui fournissait déjà des soupes à 80 pauvres.

200 livres dont M. Bounain, avocat à Vendôme, avait l'administration pour les indigents.

Les curés de la ville offrirent la moitié de leurs décimes, ainsi que la quête faite dans leurs églises évaluée à 210 livres. Un grand nombre de citoyens demandèrent à être associés à l'œuvre.

Un anonyme se montre disposé à acheter de ses deniers le terrain des Capucins.

M. de Sarrazin veut en outre introduire à Vendôme l'usage qui s'est établi à Paris, à Orléans et dans d'autres villes pour la formation d'associations à l'aide de cotisations.

A Paris, les cotisations étaient de 5 livres, à Orléans de 18 livres. La souscription faite pour trois années était renouvelable pour une période semblable.

L'auteur du projet demande qu'elle soit fixée à 15 livres pour Vendôme ; il propose l'ouverture d'une souscription publique. On a pu réunir 16.000 livres en fort peu de temps. M. de Sarrazin demande qu'une quête générale soit organisée, qu'un bureau soit formé avec les fabriciens représentant toutes les paroisses, les délégués de l'Oratoire, du bailliage, des Bénédictins, de quatre notables pour toutes les Compagnies, de deux négociants pour acheter les matières premières, d'un trésorier et de six dames de charité.

Le projet fut soumis à la Commission organisée d'après le

plan de M. de Sarrazin. A la fin de 1789, il était en bonne voie de réalisation ; deux ans après, c'en était fait de toutes les institutions d'assistance de Vendôme.

1789

La question de l'Assistance publique proprement dite, en dehors de toutes les institutions qui, d'une extrémité à l'autre de la France, pourvoient aux nécessités de la population besogneuse ou dénuée de toutes ressources, ne cesse de préoccuper l'esprit public. — Aussi voit-on se multiplier les traités, les mémoires, les avis, les projets concernant le soulagement des pauvres. En parcourant les volumes qui les contiennent, on est surtout frappé du sens pratique de ceux qui les ont publiés. Ce qui ressort de leurs exposés, c'est principalement le désir de *procurer des moyens d'existence* aux pauvres gens des deux sexes qui sont incapables d'en trouver.

L'Assemblée constituante n'a pas seulement dépossédé le clergé de biens qui depuis quatorze cents ans étaient en majeure partie consacrés au soulagement de toutes les infortunes.

Elle a confisqué le patrimoine que les corporations, les confréries, les associations d'un caractère mixte, les fondations individuelles s'y rattachant avaient accumulé dans une longue suite de siècles dans le double but de l'assistance mutuelle et de l'assistance publique.

Elle a volé le trésor de l'indigence dont l'Eglise avait le dépôt.

Elle a volé le trésor de l'assistance formé par les corporations de toute nature à leur usage personnel.

Elle a volé le trésor des pauvres constamment alimenté par la charité des groupements de diverses catégories.

On évaluait les biens du clergé à deux milliards.

Les biens des corporations représentaient certainement une large moitié de cette somme. Maury n'hésitait pas, malgré son esprit de quatre-vingt-neuvisme, à dire en présence de toutes les spoliations : « Vous conduisez à la loi agraire — vous remettez toute propriété en question. »

L'Evêque d'Uzès, Mgr de Bettisy, renouvelait cette déclaration et la renforçait de cette parole : « Vous détruisez le fondement de toute propriété. »

L'Evêque de Nîmes, Mgr de Balor, disait de son côté : « Les pauvres verraient donc consacrer à liquider les dettes de l'Etat ce qui leur appartient, sous prétexte que vous voulez les en dédommager ! Mais leur donnerez-vous une hypothèque aussi sûre ? Quand la nation se trouve dans des circonstances aussi désastreuses pour les citoyens, pour les pauvres surtout, qui viendra au secours de ces derniers ? »

Le vénérable prélat ajoutait :

« Nos sacrifices offerts à la nation seront pour nous la plus grande des jouissances. Attendez tout de nos privations personnelles. Mais n'espérez rien du *patrimoine des pauvres et de celui des autels.* Non, jamais nous ne donnerons notre consentement à une usurpation de cette nature. »

∴

Les encyclopédistes s'étaient surtout efforcés de saper le régime de l'Assistance, expression si complète de la France très chrétienne. Leurs critiques les mieux calculées visaient la *localisation* et la spécialité des établissements charitables. Ils prétendaient que le morcellement de l'Assistance par les innombrables institutions appropriées à tous les genres de besoins n'aboutissait qu'à disperser les ressources du pays sans profit pour l'indigence. Ils réclamaient la centralisation de tous les biens, de tous les revenus des fondations, des compagnies de charité et des corporations de toute espèce. C'était, en apparence, pour obtenir une égale répartition des secours entre les diverses provinces du royaume. En réalité, il s'agissait d'absorber la France chrétienne dans l'Etat paganisé.

L'Assemblée constituante, en majeure partie composée d'hommes dupes de cette sophistique doctrine, ne fit que poursuivre l'exécution du plan des encyclopédistes.

Elle joua plus ou moins consciemment le jeu de la Franc-Maçonnerie organisatrice, occulte de la Révolution.

Que fait-elle au début de ses discussions sur l'assistance publique ? Elle déclare que c'est là essentiellement une charge *nationale, et non pas une obligation locale.* Sophisme social renforcé d'un mensonge historique.

La France très chrétienne avait constamment considéré l'Assistance tout à la fois comme une obligation locale par des institutions adaptées aux besoins des populations urbaines et rurales, et comme une nécessité générale par une organisation qui répondait à des exigences d'ordre public. L'Assemblée, une fois entrée dans cette voie *encyclopédique*, accumule inepties sur sottises.

Elle commence par assurer sur les biens volés à toutes les fondations charitables un crédit annuel de 51.000.000 livres.

Un beau denier, quoiqu'il fût fort loin de valoir ce que représente le splendide patrimoine légué par les munificences unies de toutes les classes de la société à tous les établissements d'utilité générale ou locale aussi bien qu'à tous les genres d'associations professionnelles et religieuses.

Le crédit voté par l'Assemblée resta sur le papier. L'Assemblée ne sut donner aucune suite au projet budgétaire qu'elle avait établi. La vieille organisation survécut, en dépit de tout, jusqu'au décret du 22 août 1791 qui compléta la déprédation de 1789 en enlevant à tous les hôpitaux *les octrois, les impositions spéciales et les exemptions ou modérations* de droits dont ils n'avaient cessé de jouir jusqu'alors. L'Assemblée, de nouveau, saisie de motions qui signalaient l'énorme préjudice causé par cette mesure aux établissements hospitaliers, chargea une Commission de lui présenter quelques mesures réparatrices. La Commission, à court d'inventions, ne trouva rien de mieux que de demander au Trésor des allocations provisoires. L'Assemblée s'empressa d'accepter ce pis-aller. Mais, incapable même de satisfaire aux exigences d'un pareil expédient, elle rejeta le fardeau des crédits provisoires sur les départements et sur les municipalités. Elle en revint ainsi à *localiser* ce qu'on avait voulu centraliser.

L'iniquité doublée d'une bêtise portait ses fruits.

* * *

Le 13 juin 1792, changement de système. Bernard Darcy, député de l'Yonne, au nom du Comité des secours publics, lisait un rapport concluant *à l'abolition de la charité* privée et à l'établissement de la bienfaisance officielle.

Ce rapport recevait la sanction légale dans les décrets de la Convention qui restèrent, d'ailleurs, lettre morte.

La Constitution de 1793 déclarait bien, il est vrai : *les services publics sont une dette sacrée ; la société doit la subsistance aux citoyens malheureux, soit en leur procurant du travail, soit en assurant des moyens d'existence à ceux qui sont hors d'état de gagner leur vie.*

C'était se faire, sous forme du césarisme païen, la plagiaire de la France très chrétienne. La Révolution maintenait des pratiques qu'elle était absolument incapable de suivre. La France très chrétienne pratiquait des maximes qu'elle n'avait pas besoin de formuler. Pour l'une, c'était la lettre qui tue; pour l'autre, c'était l'esprit qui vivifie.

La Constitution de 1793, du reste, en fait d'Assistance publique, fut reconnue, par la Convention elle-même, comme impraticable. Proclamée le 24 juin 1793, elle était suspendue le 10 octobre suivant. Cinq jours après paraissait un décret contenant des mesures pour l'extinction de la mendicité. Le 17 octobre, un autre ukase stipulait la *formation d'un livre de la bienfaisance nationale*. Toutes ces lois, au demeurant, eurent le même sort, avortement complet.

La Convention, devant l'orgie de décrets rendus en fait d'Assistance publique, n'aboutit qu'à une mesure efficace; ce fut la confiscation des hospices, réservée jusque-là. Elle sut terminer l'œuvre de vandalisme inaugurée par la Constituante.

Qu'en résulta-t-il? Deux choses : l'apparition du paupérisme, fléau de la société moderne, inconnu, comme le dit Karl Marx, de la France ancienne; et celle du socialisme, « sorti, comme le dit Proudhon, des entrailles de la Révolution qui avait déchaîné les appétits de la multitude pour n'avoir qu'à gorger ses exploiteurs. »

Le Directoire, voué à l'imbécillité comme la Convention l'avait été au sang, prétendit résoudre le problème posé par la Révolution. La mendicité, sous ce régime d'histrions du sybaritisme, prit de telles proportions qu'on en vint à la traiter de crime. On décréta la déportation contre elle.

Dans une France où naguère rois, princes, seigneurs, associations professionnelles, confréries se disputaient l'honneur de venir en aide à toutes les victimes de la vie, le pouvoir public poussa le cynisme césarien jusqu'à frapper d'ostracisme la pauvreté qu'il avait décuplée.

Les assemblées législatives du Directoire se figuraient qu'elles pouvaient réussir à faire le départ entre les colossales utopies de la Convention et les nécessités pratiques d'un nouvel ordre de choses. Mais, comme le dit fort judicieusement M. Buquet dans son livre *Sur le régime de l'Assistance*, paru en 1884, et d'ailleurs très favorable aux *immortels principes*, « les législateurs du Directoire, des vastes conceptions de leurs prédécesseurs, n'abolirent rien, ne prirent rien, ne modifièrent rien. Le jurisconsulte a aujourd'hui cet étrange spectacle *d'un vaste code* de la bienfaisance *dont aucun article* n'a disparu et dont aucun n'est appliqué. »

C'est en quelques lignes la critique la mieux fondée du régime d'assistance qui dure depuis près d'un siècle. Tous les gouvernements qui se sont succédé l'ont considéré comme une arche sainte, alors qu'il n'aboutissait qu'à un drainage relativement stérile de l'argent des contribuables ou des largesses mal entendues d'un trop grand nombre de bonnes âmes.

1888

Il vient de se produire deux faits qui sont plus concluants qu'aucune argumentation connue contre le système étayé en 1789 sur le vandalisme du trésor des pauvres.

Le 21 avril, M. Floquet, président du Conseil, adressait au chef de l'Etat un rapport ayant pour objet la création d'un Conseil supérieur de l'Assistance publique « chargé d'éclairer l'administration sur toutes les questions d'assistance et de prévoyance. »

C'était une sorte de mise en tutelle de l'Assistance. Nombre de journaux de la gauche reconnaissaient à cette occasion qu'il était nécessaire d'opérer de grosses réformes, de remédier à beaucoup d'abus. — La *Justice* déclarait que l'Assistance publique était encore chez nous à l'état embryonnaire. En être à l'état embryonnaire cent ans après sa création, c'est pour une institution n'avoir droit qu'à un brevet d'incapacité sociale.

M. Floquet du reste confirmait cette appréciation en ouvrant le 13 juin la session du Conseil supérieur.

« Il est temps, disait-il dans son discours d'inauguration, de faire une vérité *légale de la fraternité* par *une organisation rationnelle.*

Bien des efforts, ajoutait-il, ont été faits pour réaliser les projets conçus à l'origine. Ils ont en grande partie échoué... »

Le président disait ensuite : « Les secours temporaires dont le but est de prévenir l'abandon des enfants par les mères sont presque partout si insuffisants que l'on peut craindre que la vie de ces petits êtres ne soit pas suffisamment préservée. »

D'autre part, l'orateur reconnaissait « que l'organisation des bureaux de bienfaisance et de tous les services se rattachant à l'Assistance publique se trouvait abandonnée au bon vouloir des départements et que 42 de ces départements étaient restés jusque-là inactifs. »

Voilà certes des aveux assez significatifs pour dispenser de tout commentaire.

Mais là ne se sont pas bornées les constatations décisives. M. Monod, directeur général de l'Assistance publique, a donné lecture d'un exposé de situation dont nous regrettons de ne pouvoir citer qu'un petit nombre de passages...

Ces citations ont au demeurant une telle portée que ce serait les affaiblir que de multiplier des textes analogues.

« Il y a, dit d'abord M. Monod, un nombre considérable de départements où l'assistance des enfants abandonnés est lettre morte, soit que les Conseils généraux n'aient voté aucun fonds pour son exécution, soit qu'ils aient voté des sommes dérisoires. En résumé, dans 25 départements, la loi n'est pas appliquée. »

Un peu plus loin, M. Monod déclare « qu'en France, sur 36.121 communes, il y en a 19.111 qui n'ont ni *bureau de bienfaisance* ni *Commission de charité*; qui sont dépourvues, par conséquent, *de tout moyen régulier de venir en aide aux malheureux.* »

Autre constatation aussi tristement concluante :

« Légalement, l'Assistance publique est aujourd'hui, *en France, abandonnée aux hasards des bonnes volontés publiques ou privées*..., ce qu'il importe de bien comprendre, car ce qui se fait dans notre pays en faveur des malheureux *est insuffisant, très au-dessous des besoins, se pratique ensuite sans ordre, sans méthode,* de sorte qu'il y a abondance ici, double et triple, là disette absolue. »

M. Jules Simon écrivait, en 1861, dans la *Revue des Deux-Mondes*, II, 89 : « Quand on regarde l'ensemble des secours distribués par les bureaux de bienfaisance de la France entière, on est frappé à la fois de l'immensité des efforts et de la nullité des résultats. »

Vingt-huit ans après, le chef même de l'Assistance publique vient formuler une déclaration analogue en en aggravant la portée. Non seulement, en un grand quart de siècle, la situation ne s'est pas améliorée, mais elle a empiré. Les ressources ont-elles donc diminué ? Pas du tout. Ainsi, en 1861, d'après la statistique officielle, le total des recettes provenant *de biens immeubles, de rentes, des subventions de communes, du droit des pauvres,* et des autres produits, s'élevait, pour les bureaux de bienfaisance, à 13.312.900 fr. Le total de 1884, dernière statistique officielle, atteint un chiffre rond de 50.000.000.

Or la moyenne maximum des individus secourus était, en 1861, de 150.000. Elle ne dépasse aujourd'hui ce nombre que de 100.000.

La progression d'assistance est loin d'être proportionnée à celle des ressources. Elle est d'autant moins en rapport avec les besoins de la population que les crises économiques de toutes catégories ont doublé le nombre des pauvres.

∴

Autre argument de fait.

Tout récemment, le docteur Decaisne faisait à l'Académie de médecine une communication navrante sur l'enfance abandonnée. D'après ce Mémoire, des légions d'enfants, à Paris, sont livrées, par suite de l'incurie de l'Assistance publique, à la plus immonde exploitation. De tous les petits malheureux examinés par l'éminent praticien, il n'en est pas un qui soit dans un état de santé normal. Bronchites, pneumonies, pleurésies, phtisies, affections purulentes, tel est dans l'ensemble leur apanage. Les plus odieux traitements, d'atroces privations, et la perversion systématique font de ces masses d'enfants de véritables *parias* de la vie. A peine s'en trouve-t-il un sur mille qui parvienne à l'âge adulte.

La charité privée, accablée de charges, en raison de l'insuffisance du concours des pouvoirs publics et, trop souvent, des vexations qu'elle subit de leur part, ne peut arracher qu'un nombre restreint d'enfants à leurs tortionnaires.

L'Assistance publique fait la sourde oreille aux doléances formulées sur ce point par les organes de tous les partis.

Le martyre de l'enfance abandonnée passe à l'état d'institution. L'Administration, qui se désintéresse d'une pareille calamité, gaspille les millions pour expulser du bureau de bienfaisance et des établissements hospitaliers les religieuses qui savaient, à si peu de frais, rendre de tels services, que certains adversaires même de l'Eglise l'ont publiquement reconnu.

∴

Et les infanticides résultant de la misère noire, quelle formidable extension n'ont-ils pas prise à Paris? Les registres seuls de la Morgue en sont d'irrécusables témoins. En 1810, le chiffre de ces crimes ne dépassait pas 40 pour les deux statistiques réunies de la Justice et de la Morgue. Lors du dernier bilan de la nécropole des misérables, le total des cadavres d'enfants repêchés dans la Seine s'élevait à 125.

Que de malheureuses auraient été préservées d'une pareille criminalité si elles s'étaient trouvées à même de compter sur un secours suffisant et régulier de l'Assistance publique! « Frappez, a dit l'Evangile, et l'on vous ouvrira. »

Vingt fois pour une c'est le contraire qui se produit dans les bureaux de l'Administration. Les petits employés surtout s'y montrent d'une dureté révoltante. Les plaintes sont aussi fondées que générales à cet égard. Qui ne connaît, d'ailleurs, le formalisme inepte du mandarinat de ce service? La plus modeste allocation nécessite un stock de paperasserie.

Le favoritisme imposé par les maîtres du jour parvient seul à avoir raison de ces chinoiseries bureaucratiques. Malheur à qui ne fait pas partie de la clientèle des potentats du politicianisme. C'est ainsi que quantité de pauvres gens en arrivent à ces détresses qui aboutissent trop souvent à d'horribles drames.

La crise de l'inanition sévit depuis quelques années avec une intensité qui menace de l'acclimater. Dans ce Paris gorgé de richesses qui suffiraient à sustenter un peuple, il ne se passe guère de semaines où ne se produise quelque décès pour cause de suprême désespoir. *Les meurt-de-faim* pullulent. La moyenne des individus qui ne vivent, comme les pourceaux, que de détritus, est évaluée à 60.000. A cette armée de la misère bestiale il faut ajouter celle des pauvres honteux — quadruple, quintuple peut-être de l'autre. — Les statisticiens les plus optimistes en portent le total à 300.000 individus. L'Assistance publique ignore ce monde-là. Elle n'a cure que des *inscrits*. Le chiffre en est de 350.000, qui obtiennent bon an, mal an, 38 fr. en nature et en espèces. Qu'adviendrait-il, la plupart du temps, si la charité privée n'intervenait par des œuvres de tous genres?

M. Floquet, dans le discours que nous citions, lui a rendu un hommage par trop sommaire à cette charité qui, à travers les vicissitudes les plus cruelles, au milieu de persécutions incessantes, est parvenue, depuis un siècle, à force de sacrifices, d'esprit de suite, de dévouement, d'héroïsme même, à reconstituer une certaine partie de l'incomparable patrimoine des pauvres créé par la vieille France.

∴

Le Mont-de-Piété formait une de ses plus chrétiennes créations. Le prêt gratuit était obligatoire. La générosité des représentants du pouvoir central ou de l'autorité locale, des groupements de métier et de piété, ainsi que des particuliers, venait fréquemment ajouter à ces prêts des donations spéciales destinées à la délivrance sans frais des objets indispensables aux ménages.

Le 9 octobre 1789, Louis XVI exécutait, de ses propres deniers, le dégagement de tous les dépôts au-dessous de 24 livres.

D'accord avec la reine, selon le texte même de la proclamation publiée à cette occasion, le souverain mettait une somme de 300.000 fr. à la disposition de soixante districts de Paris, à raison de 5.000 livres par circonscription. Les quartiers les plus pauvres, Enfants-Trouvés, Saint-Antoine, Sainte-Marguerite, excédèrent le crédit qui leur était assuré. Le roi, par considération pour ces pauvres gens, accorda 30.000 fr. de plus.

La Révolution fit des Monts-de-Piété, jusqu'alors en possession partout de leur autonomie, un des rouages de son vaste machinisme.

Qu'en est-il résulté? un système de prêt aussi draconien par la forme qu'au fond. Le taux moyen des prêts est entre 8 et 10 %.

C'est l'usure légalisée. Exploitation juive qui pèse particulièrement sur la classe laborieuse.

∴

Il nous serait facile de poursuivre minutieusement l'examen de la situation de l'Assistance publique. Mais cadre oblige. Concluons.

L'expérience d'un siècle a fait complètement justice du système par lequel la Révolution a mis l'Assistance entière du pays à la charge de l'Etat. — La centralisation, opérée sous prétexte de procéder à une répartition plus équitable des secours que ne le faisait la *localisation* prédominante dans la vieille France, n'a abouti qu'à un gigantesque machinisme aussi dispendieux qu'infructueux qui nourrit un petit monde de parasites au détriment d'une immense population besogneuse.

M. Monod, chef actuel de ce machinisme, vient de reconnaître qu'il est absolument insuffisant et au-dessous des besoins.

C'est dresser inconsciemment le bilan de la faillite sociale du régime de l'Assistance sorti de 89. Il y a donc là une pièce d'une importance capitale pour le dossier du Centenaire.

MM. Monod et Floquet, il est vrai, tout en constatant l'avortement de l'entreprise inaugurée par la Révolution, ont donné à entendre qu'il serait possible de tirer de l'organisation actuelle un meilleur parti que jusqu'alors, en opérant progressivement une décentralisation.

Ce serait en principe revenir purement et simplement à la *localisation* naguère si avantageusement pratiquée. Mais en fait ce retour au passé demeure incompatible avec le régime césarien imposé par la Révolution qui ne forme qu'un colossal engrenage d'omnipotences bureaucratiques.

Inutile de parler de réformes en matière d'Assistance publique comme pour le reste. Palliatifs et expédients, tel doit être fatalement le résultat de tentatives appuyées sur de faux principes.

C'est d'une France à refaire qu'il s'agit. Pour atteindre un pareil but, que faut-il d'abord?... Travailler à la reconstitution des autonomies d'ordre professionnel, communal, paroissial, diocésain, sur un mode à la fois conforme aux principes de la vieille France et aux nécessités de la nouvelle.

Les autonomies professionnelles rétablies sur toute la surface du pays parviendraient à rentrer en possession de cette *Assistance mutuelle* qui représente l'action la plus efficace de la justice sociale répartitive, particulièrement pour les classes laborieuses.

Les autonomies communales remises en possession de ces libertés et de ces droits qui sont la condition indispensable de toute vitalité locale se donneraient des institutions de *pourvoyance* en rapport avec les besoins des populations, soit en se solidarisant avec les gouvernements dans les villes importantes, soit en se syndiquant lorsqu'il s'agira de petites municipalités.

Les autonomies provinciales, composées d'agglomérations départementales, ayant récupéré ce *self government*, seront à même de contribuer sur une étendue considérable au développement et à l'alimentation du budget communal et professionnel de l'Assistance. Les autonomies paroissiales et diocésaines remises en jouissance de cette indépendance complète que nécessite leur destination, pourront concentrer toutes les ressources de la générosité chrétienne pour créer des établissements et fonder des institutions dont tous les déshérités de la vie seraient appelés à bénéficier.

Toutes ces autonomies, délivrées de la féodalité administrative et du césarisme centralisateur, se verront en mesure de gérer leurs affaires à peu de frais, et de dégrever le budget de l'Assistance de charges actuellement écrasantes.

Le pouvoir central trouvera dans les délégués choisis par les autonomies de différentes catégories les véritables représentants des intérêts des populations.

C'est alors que l'*Assistance publique* laissée à la charge de l'Eta. pour des besoins d'ordre général, tels que épidémies, catastrophes, crise économique, etc., sera appelée à remplir le rôle qui lui incombe exclusivement et qui consiste à compléter l'œuvre des assistances locales.

Au lieu de former un monopole infécond, l'*Assistance publique* deviendra la plus haute expression de l'action sociale du pouvoir.

Bar-le-Duc — Typ. de l'Œuvre de Saint-Paul, Schorderet et Cie — [illegible]

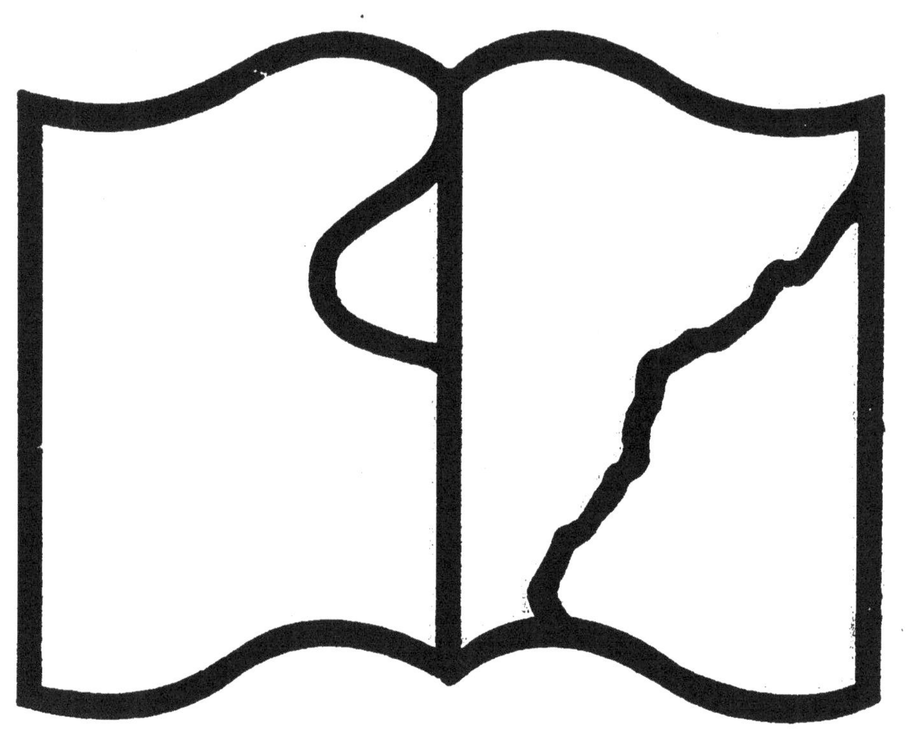

Texte détérioré — reliure défectueuse

NF Z 43-120-11

www.ingramcontent.com/pod-product-compliance
Ingram Content Group UK Ltd.
Pitfield, Milton Keynes, MK11 3LW, UK
UKHW020252220726
13923UKWH00002B/903

9 782016 165126